WOHLSTAND AUFBAUEN

WOHLSTAND AUFBAUEN

Ihr Weg zur finanziellen Freiheit

WOHLSTAND AUFBAUEN

 WOHLSTAND AUFBAUEN

Inhalt

Ein paar Schritte, um reich zu werden

Ziehen Sie den Reichtum an, den Sie verdienen

Automatischer Wohlstand: Das Internet macht es möglich

Aufbau der finanziellen Sicherheitsschritte I.

Aufbau der finanziellen Sicherheitsschritte II

Aufbau von Wohlstand durch Joint Ventures

Gemeinsame Mythen zur Vermögensbildung

Haben Sie das Ziel, Wohlstand aufzubauen?

Entfernen Sie persönliche Hindernisse für den Wohlstand

Wie ein Millionär mit einem Dollar umgeht

Die Überwachung Ihrer Finanzen zeigt unbezahlbare Lektionen

ROI-Berechnung mit Präzision

Geheimnisse der Schaffung von wissenschaftlichem Wohlstand - Diversifikation

Geheimnis der finanziellen Freiheit

Sollten Sie einen privaten Vermögensverwalter verwenden?

 WOHLSTAND AUFBAUEN

Die 5 unerschütterlichen Gesetze zur Schaffung von Online-Wohlstand

Die automatische Gewohnheit der Schaffung von Wohlstand

Der Weg zum wahren Reichtum

Die Schwelle zwischen Schaffung und Zerstörung von Wohlstand

Die wahren Determinanten der Schaffung von Wohlstand

Die zwei größten Diebe, wenn es um die Schaffung von Wohlstand geht

Das ultimative System zur Schaffung von Wohlstand

Schaffung von Wohlstand: Ein Vorteil des Wohneigentums

Wealth-Management-Lösungen: Optionen gibt es zuhauf

Ich frage mich, warum er nicht schnell reich wird

 WOHLSTAND AUFBAUEN

Ein paar Schritte, um reich zu werden

Ihre fortgeschrittenen Nachlassplanungsstrategien sollten nicht darin bestehen, dass Sie im Alleingang handeln. Der Schlüssel zur Förderung Ihres Reichtums ist der Aufbau eines Teams von Qualitätsberatern. Das Vorantreiben Ihres Reichtums kann und sollte nicht von Ihnen selbst erledigt werden. Viele Menschen machen den Fehler, alles selbst zu tun. Alles selbst zu tun ist gut und schön, aber wenn Sie Ihr Vermögen vermehren wollen, brauchen Sie Berater. Geld ist für viele Menschen ein emotionales Thema. Wenn Sie Schwierigkeiten haben, damit umzugehen, kommt es darauf an, wie Sie und Ihr Team mit diesem Konflikt umgehen.

WOHLSTAND AUFBAUEN

Sie sollten zunächst jemanden einstellen, der auf Buchhaltungsfragen spezialisiert ist. Dieser Fachmann wird Ihnen nicht nur helfen, Ihren Reichtum zu mehren, sondern Ihnen auch einen Einblick geben, wohin Ihr Geld fließt. Auf diese Weise können Sie sich bewusst sein, ob Ihre Ausgaben Ihnen helfen oder schaden. Es gibt viele Menschen, die ihr eigenes Scheckbuch ausgleichen, aber man braucht eine Meinung von außen. Der Geldbetrag, den Sie verdienen, ist bei der Einstellung eines Buchhalters unerheblich. Unabhängig davon, ob Sie 250.000 USD pro Jahr oder 25.000 USD pro Jahr verdienen, sollten Sie immer noch Ihren eigenen Spezialisten haben. Sobald Sie Ihren Buchhalter haben, können Sie nun Ihre monatlichen Finanzen überprüfen. Sie werden sehen, welche guten und schlechten Ausgabegewohnheiten Sie haben. Dann können Sie daran arbeiten, schlechte Ausgabengewohnheiten zu beseitigen und gute zu verstärken.

Der nächste Berater, den Sie haben sollten, muss sich perfekt um Ihre Finanzen kümmern. Die Einstellung eines guten Finanzberaters ist eine der besten Maßnahmen, die Sie ergreifen können. Er oder sie kann Ihnen bei der Planung für den Ruhestand und anderen Dingen helfen.

Bei den Beratern, die Sie bereits haben, müssen Sie diese durch einen Steuerstrategen ergänzen. Es spielt wirklich keine Rolle, ob Sie selbständig sind, Ihr eigenes Geschäft besitzen oder einen 9.00-17.00 Uhr Job haben. Es ist unerlässlich, einen Steuerstrategen zu engagieren, weil Ihnen die Augen geöffnet werden, wenn Sie sehen, wie Geld für verschiedene Menschen besteuert wird. Sie werden auch sehen, wie Menschen mit höheren Steuern bestraft werden, wenn sie eine bestimmte Art von Einkommen erzielen.

Es ist wichtig zu beachten, dass alle Spezialisten für die verschiedenen zu diskutierenden Themen sorgfältig ausgewählt werden müssen. Stellen Sie nicht einfach einen Berater ein, der mit Gebühren Geld verdient. Sie wollen einen Berater, der das, was er oder sie predigt, auch praktiziert und damit Erfolg hat. Auf diese Weise kann er Ihnen bei der Gestaltung vieler fortgeschrittener Nachlassplanungsstrategien helfen.

WOHLSTAND AUFBAUEN

Ziehen Sie den Reichtum an, den Sie verdienen

Ist es gut, wenn man große Einlagen auf der Bank hat, viele wertvolle Besitztümer, eine Fülle von allem, was wertvoll ist? Fast alles, gemessener Reichtum ist in monetären Faktoren. Wir sagen, dass die Menschen reich sind, wenn wir ihre großen Villen, verschiedenen Autos, viel Schmuck oder teure Kleidung sehen.

Wir bewerten Reichtum nach materiellen Besitztümern, aber es ist auch wichtig, geistigen, spirituellen und familiären Reichtum hervorzuheben. Reichtum muss der Kanal zum Überfluss sein. Materieller Reichtum kann vererbt oder geschaffen werden. Manche Menschen werden reich geboren, andere müssen es von Grund auf aufbauen, um es zu erreichen. Reichtum schafft mehr Reichtum, wenn man weiß, wie man damit umgeht.

Dann, je mehr Geld Sie haben, desto reicher werden Sie. Reichtum bietet viele Möglichkeiten und öffnet Türen, die vielleicht verschlossen bleiben. Sie hebt Ihre gesellschaftliche Stellung und gibt Ihnen Macht. Viel Geld zu besitzen ist der Himmel hier auf Erden. Sie können kaufen, was Sie wollen, gehen, wohin Sie wollen, und haben, was Ihr Herz begehrt. Wenn Sie merken, dass Ihr Geld für Sie arbeitet und sich zu vermehren beginnt, müssen Sie sich immer darüber im Klaren sein, dass Sie sich nicht nur zu Ihrer finanziellen Bildung beraten lassen sollten. Andere Pfeiler werden sehr hilfreich sein, diese Stützen stehen im Zusammenhang mit der Spiritualität. Meditation und Yoga sind wichtige Werkzeuge für Sie, um Ihren Wohlstand weiter auszubauen und zu stärken. Sobald

WOHLSTAND AUFBAUEN

Sie das erwartete Ergebnis erhalten, erreichen Sie die **ABSOLUTE ÜBERFÜLLUNG**.

In einigen Fällen kann Reichtum Menschen betreffen. Dies kann aufgrund von Faktoren wie mangelnder finanzieller Bildung geschehen, denn wenn man aus heiterem Himmel ein hohes Kapital hat (entweder gewinnt man im Lotto) und nicht über die richtigen Instrumente verfügt, um zu wissen, wie man es sowie die Kapitaleinkünfte verwalten kann, geht es genauso. Sogar für bestimmte Menschen führte das Erzielen eines sehr hohen Einkommens dazu, dass sie einen Lebensstandard führten, der so teuer war, dass er im Laufe der Zeit unhaltbar wurde. Es ist wichtig zu betonen, dass Geld Sie nicht zu einem egoistischen Menschen mit dem Wunsch nach Bösem macht. Es ist nur eine Steigerung Ihres Wesens. Wenn Sie ein egoistischer Mensch sind, wird es Sie noch egoistischer machen, wenn Sie ein geiziger Mensch sind, wird es Sie noch geiziger machen. Wenn Sie das nicht sind,

WOHLSTAND AUFBAUEN

werden Sie großzügiger und wohltätiger zu Ihren Mitmenschen sein.

Nun sagen Sie mir, was bedeutet Reichtum für Sie? Reichtum ist, wie wir bereits gesagt haben, nicht nur die Menge an Geld, die wir haben, sondern eher eine Gemütsverfassung. Manche Menschen verbringen ihr ganzes Leben damit, Reichtum im Überfluss zu haben, und haben dennoch wenig Zeit, ihn zu genießen. Deshalb muss man das Leben und das, was man erreicht hat, genießen. Nehmen Sie sich täglich ein paar Minuten Zeit, um dankbar zu sein, um von Natur aus befriedigt zu werden. Genießen Sie Ihre Familie, Ihre Freunde. Sie sind auf diese Welt gekommen, um glücklich zu sein, also verschwenden Sie sie nicht.

Automatischer Wohlstand: Das Internet macht es möglich

Das Erreichen von Wohlstand und Reichtum ist ein Traum, den fast jeder hat, aber nur wenige erreichen ihn. Warum? Der Durchschnittsbürger steckt in einem Trott mit einer Arbeit, die ihm nicht gefällt, und in vielen Fällen mit einer überwältigenden Verschuldung fest. Dieser Kreislauf ist schwer zu durchbrechen, aber viele Menschen durchbrechen ihn und erreichen ihre finanziellen Ziele über das Internet. Das Internet hat es Millionen von Menschen ermöglicht, automatisch Wohlstand zu schaffen, und es gibt immer noch Platz für Sie, also freuen Sie sich und machen Sie sich an die Arbeit.

WOHLSTAND AUFBAUEN

Sie schafft Wohlstand mit mehreren Einkommensquellen und nicht nur einer

Mit dem Internet haben Sie die Möglichkeit, automatisch Reichtum zu schaffen und nicht nur ein Einkommen. Sie können direkt von Ihrem Computer zu Hause aus mehrere automatische Unternehmen bis zum Erreichen von Wohlstand gründen. Das Internet schafft das beste Wohlstandspaket, weil die Zahl der Menschen, die es nutzen, so groß ist.

Sie können aus Tausenden von Geschäftsideen wählen und sich auch einen kleinen Markt für Ihr Unternehmen aussuchen. Ein kleiner Online-Marktplatz kann jedoch viel Geld für Sie bedeuten, weil er Tausende oder Millionen potenzieller Kunden auf der ganzen Welt enthalten kann. Das Internet verbindet Sie mit der Außenwelt und beschränkt Sie nicht auf diejenigen, die mit dem Auto oder zu Fuß an Ihrem örtlichen Geschäft vorbeifahren. Es ist ein sehr mächtiger und vorteilhafter Hebel. Sie können mehrere Einkommensquellen haben, wie wir später in diesem ebook sehen werden. Sie können es beherrschen, aber dazu müssen Sie Marktforschung darüber betreiben, was Sie damit machen wollen. Lassen Sie sich nicht von Angst überwältigen, das kann ich nicht, das ist nichts für mich. Übernehmen Sie die Kontrolle über Ihr Leben und handeln Sie, denn wenn Sie nie ins Wasser gehen, werden Sie nicht wissen, was für ein schönes Gefühl es ist, wenn Ihre Haut durch das Wasser läuft, aber denken Sie daran, dass Sie ertrinken werden, wenn Sie ins Wasser gehen, aber nicht schwimmen können. Deshalb instruieren Sie zuerst, was Sie tun, und handeln Sie dann.

Automatisiertes Geschäft

Ein weiterer Grund, warum es praktikabler ist, automatischen Reichtum online zu erreichen, ist, dass man ein automatisiertes

WOHLSTAND AUFBAUEN

Geschäft haben kann. Automatisiert bedeutet, dass sie auf Autopilot laufen kann, sobald Sie Ihre Website gestalten und die Dinge in Bewegung setzen. Sie können automatisierte Zahlungen über Online-Formulare erhalten. Sie können ein E-Zine (elektronischer Newsletter) an Ihre Kunden automatisieren. Sie können E-Mail-Produkte wie E-Books oder Schulungsmaterialien automatisieren. Es gibt mehrere Möglichkeiten, mit einem Internet-Geschäft automatisierten Wohlstand zu schaffen.

Kein Warten mehr auf Gehaltsschecks

Ein weiterer Vorteil eines Internet-Geschäfts ist, dass Sie über Ihre Website tägliche Zahlungen erhalten können. Viele Inhaber von Online-Geschäften akzeptieren Kreditkarten oder nutzen einen externen Zahlungsprozessor wie PayPal oder StormPay, um Zahlungen von ihren Kunden anzunehmen. Über diese Stellen geht das Geld direkt auf Ihr Konto. Dadurch erhalten

Sie einen stetigen Cash-Flow für Ihr Unternehmen, so dass Sie Kapital für Ihr Einkommen, Geschäftsförderungen und Inventar haben.

Tipps zum Aufbau automatischen Reichtums

- Nutzen Sie Ihre Freizeit zu Hause, um im Internet zu surfen und Geschäftsmöglichkeiten zu finden, die Sie interessieren.

- Schließen Sie sich einer oder mehreren Personen an, die bereits erfolgreich sind, damit Sie die Grundlagen des Online-Geschäfts erlernen können. Selbst wenn Sie eine kleine Investition tätigen müssen, könnte es sich lohnen.

- Wählen Sie ein Unternehmen, das zu Ihnen passt, und planen Sie die täglichen Arbeitsstunden ein, um daran zu arbeiten.

 WOHLSTAND AUFBAUEN

Organisation ist eines der grundlegenden Bindeglieder für die ordnungsgemäße Entwicklung Ihres Projekts.

- Bauen Sie so lange weiter, bis Sie genug automatischen Reichtum erworben haben, um Ihre tägliche Arbeit aufzugeben und in die neue Welt einzutreten, Ihr eigener Chef zu sein.

Für welches Internet-Geschäft Sie sich auch entscheiden, denken Sie daran, dass es Geduld und Konsequenz erfordert, es aufzubauen. Dasselbe gilt für jede andere Art von Unternehmen. Die Hauptunterschiede bestehen darin, dass Sie von zu Hause aus arbeiten können, während Sie Ihr Imperium aufbauen. Beginnen Sie heute mit Ihrem neuen Online-Geschäft, um Ihre Träume bald zu verwirklichen.

WOHLSTAND AUFBAUEN

Aufbau der finanziellen Sicherheitsschritte I.

Wir möchten alle gerne daran denken, dass wir die guten Dinge im Leben genießen, ohne uns über die Finanzen zu ärgern und ohne uns Sorgen machen zu müssen, dass wir alt werden, dass wir knapp bei Kasse sind, dass wir nicht anerkannt werden, wenn wir in dieser Welt sind und noch weniger, wenn wir sie verlassen.

Aber wenn Sie derzeit von Gehalt zu Gehalt leben, ohne vorwärts kommen zu können, ohne Ersparnisse zu haben, wie können Sie die Dinge ändern? Wo beginnen Sie, die Finanzen zu verinnerlichen und zu lernen?

Das Beste, was Sie tun können, ist, sich hinzusetzen, tief durchzuatmen und über die Unterschiede zwischen den Besitzenden und den Habenichtsen, zwischen den Erfolgreichen und den Erfolglosen nachzudenken: Was tun die Erfolgreichen und die Reichen, das sich von Ihrer Lebensweise unterscheidet, nach welchen Prinzipien schaffen sie Reichtum? Zunächst einmal muss ich Ihnen sagen, dass die Mentalität grundlegend ist. Eine Mentalität des Überflusses wird Überfluss bringen und eine Mentalität des Mangels wird Mangel bringen. Informieren Sie sich, bilden Sie sich weiter, wenden Sie die Konzepte an, die Sie gelernt haben, und verwandeln Sie den Knappheitschip in Überfluss. Dieser erste große Schritt wird Ihnen die Zuversicht bringen, die Sie brauchen, um sich auf diesem schönen Weg zur finanziellen Freiheit zu initiieren.

Wenn Sie erst einmal die Prinzipien entdeckt haben, die von anderen angewendet wurden, die finanzielle Sicherheit geschaffen haben, scheint es, dass der einzige Schritt, der Ihnen bleibt, zu versuchen, den Prozess zu duplizieren.

Nachstehend finden Sie eine Liste mit einigen Prinzipien der Schaffung von Wohlstand. Diese Konzepte wurden von denjenigen, die bereits enormes Kapital geschaffen haben, weithin verwendet.

1. Die Kraft des Zinseszinses/Wachstums nutzen

John D. Rockerfeller beschrieb den Zinseszins einmal als das "Achte Weltwunder".

Kapitalisierung wird auch als Geschwindigkeit und Zeit bezeichnet, denn je länger die Zeit und je höher die Wachstumsrate, desto größer sind die Auswirkungen der Kapitalisierung.

 WOHLSTAND AUFBAUEN

Die Kappung funktioniert, indem alle Zinseinnahmen der Anfangsinvestition hinzugefügt werden, und dann wird die nächste Zinspartie auf der Grundlage der Summe der beiden berechnet, und so weiter. Die Zinsen werden auf die Zinsen verdient. Dies hat zur Folge, dass der Wert einer Investition exponentiell steigt.

Eine der einfachsten Methoden zur Berechnung der Funktionsweise von Zinseszinsen bei unterschiedlichen Renditen ist es, sich mit der Regel 72 vertraut zu machen, die besagt: "Die Anzahl der Jahre, die Sie benötigen, um Ihr Geld zu verdoppeln, beträgt 72 geteilt durch den Zins (Wachstumsrate).

Wenn Sie also $1.000,00 zu 10% Zinsen investiert haben, dann beträgt die Anzahl der Jahre, die es dauert, bis sich Ihr Geld auf

$2.000.000 verdoppelt hat, 7,2 (7 Jahre und 2 Monate).

72 geteilt durch 10 = 7,2

2. Nutzen Sie die bewährte Methode, in Wohnimmobilien zu investieren.

Statistiken zeigen, dass über 98 % der Millionäre der Welt ihr Geld mit Eigentum verdient haben.

Es sollte wirklich keine Überraschung sein, denn jeder braucht eine Wohnung, und normalerweise mietet mindestens ein Drittel der Bevölkerung. Eigentum ist eine Notwendigkeit, also kann es nie aus der Mode kommen.

Mit der Zunahme der Bevölkerung steigt auch der Bedarf an Wohnraum. Daher werden die Gesetze von Angebot und

Nachfrage dafür sorgen, dass die Preise weiter steigen.

Banken betrachten Immobilien als eine der sichersten Investitionen und werden Ihnen daher einen hohen Prozentsatz des Wertes leihen. Dies führt zu folgendem Prinzip.

3. Die Verwendung des Geldes oder der Ausrüstung anderer Menschen ist ein von den Reichen weit verbreitetes Instrument.

Warum ist es so wichtig, das Geld anderer Leute zu verwenden? Der Grund dafür ist, dass es möglich ist, "Druckmittel" einzusetzen, um ein größeres Ergebnis zu erzielen, als wenn man nur seine eigenen Beiträge verwenden würde. Das Wort Hebelwirkung kommt von "Leverage". Wie wir wissen, kann eine kleine Kraftmenge, die auf ein Ende eines Hebels ausgeübt wird, eine viel größere Kraft erzeugen als ursprünglich ausgeübt wurde. Ein Hebel hat die Wirkung, die ausgeübte Kraft zu vervielfachen.

Im Falle von Investitionen wird es als Leverage bezeichnet, wenn Sie nur einen kleinen Teil Ihres eigenen Geldes verwenden, z.B. eine 10%ige Anzahlung auf ein Haus im Wert von 300.000,00 $, und den Rest, in diesem Fall 90%, leihen (Leverage). Der Kapitalzuwachs, von dem Sie profitieren, wird mit den vollen $300.000,00 berechnet, nicht nur mit den $30.000,00, die Sie persönlich eingebracht haben, was den Effekt hat, dass sich Ihr Kapitalzuwachs multipliziert.

Die Hebelwirkung ermöglicht es Ihnen, eine Immobilie viel teurer zu kaufen, als wenn Sie nur Ihr eigenes Geld verwenden würden.

Die Kontrolle der höherwertigen Vermögenswerte bedeutet, dass das

WOHLSTAND AUFBAUEN

Compound-Wachstum mit mehr zu arbeiten hat und daher Ihr Nettovermögen viel schneller steigen wird. Dieses Phänomen ermöglicht es Ihnen, ein Investitionsportfolio schneller aufzubauen, als es sonst möglich wäre.

Aufbau der finanziellen Sicherheitsschritte II

1. Lernen, Ziele zu setzen

Die meisten erfolgreichen, selbstgemachten Unternehmer und Investoren haben ihren Erfolg durch entsprechende Planung erreicht.

Sie haben sich Ziele gesetzt und diese erreicht. Sie investieren Zeit in die Lektüre und das Lernen über die Schaffung von Wohlstand und freuen sich, aus den Fehlern und Erfahrungen anderer wie auch aus den eigenen zu lernen. Sie setzen sich Ziele und erkennen, dass sie diese viel besser erreichen können, wenn sie sich mit der Art und Weise vertraut machen, wie andere Menschen gehandelt haben, und mit den Dingen, die andere getan haben, um erfolgreich zu sein. Wohlhabende Menschen schaffen Wohlstand, indem sie das ihnen zur Verfügung stehende Einkommen sorgfältig zu ihrem besten Nutzen einsetzen. Sie wissen, dass immer längere Arbeitszeiten nicht der Weg zu finanzieller Freiheit sind, sondern dass sie das, was sie haben, nutzen und wachsen lassen müssen.

Wenn man ein Ziel hat, kann man seine Energien darauf konzentrieren, Wege zu finden, um es zu erreichen. Wenn jemand eine Entscheidung trifft und beginnt, sich darauf zu konzentrieren, ein bestimmtes Ziel zu erreichen (und noch besser in einem bestimmten Zeitraum), macht sich das mächtige Unterbewusstsein an die Arbeit und beginnt, mit Ideen zu spielen und auf verschiedene Weise Strategien zu entwickeln, um das Ziel erfolgreich zu erreichen.

Wenn Sie sich ein Ziel setzen, beginnen sowohl Ihr Bewusstsein als auch Ihr

Unterbewusstsein, daran zu arbeiten und einen Aktionsplan zu entwickeln. Sie werden beginnen, sich Fragen darüber zu stellen, was Sie tun müssen, um Ihr Ziel zu erreichen. Viele finden sich mit überraschenden Ideen und Problemlösungen wieder, aber wenn Hindernisse auftauchen, wissen sie nicht, wie sie damit umgehen sollen und verhindern, dass Sie Ihr Ziel erreichen. Das Unterbewusstsein ist ein äußerst mächtiges Werkzeug. Je mehr Sie sich an Ihr Ziel erinnern, desto mehr wird Ihr Verstand daran arbeiten, es zu erreichen. Manche Menschen finden Antworten, die ihnen im Schlaf einfallen.

Ist Ihnen jemals aufgefallen, dass es keinen Zusammenhang zwischen Reichsein und einem hohen IQ oder einem Hochschulabschluss gibt? Wenn es sie gäbe, wären alle Ärzte und Hochschulabsolventen reich, und wie die Statistiken zeigen, befinden sich die meisten von ihnen am Ende

in der gleichen Situation wie 95% der Bevölkerung.

Ziele zu setzen hilft Ihnen, Ihre Energie auf die Entwicklung tragfähiger, langfristiger Strategien zu konzentrieren, und hilft Ihnen, das große Ganze zu sehen. Wenn man das große Ganze sieht, kann man kleine, sekundäre Ziele entwickeln. Sekundäre Ziele sind kleine, einfache Ziele, die Schritt für Schritt verfolgt werden können. Wenn Sie nach und nach Ihre sekundären Ziele erreichen, werden Sie Ihren primären Zielen immer näher kommen. Ziele sind einfach Pläne für den Erfolg. Es heißt: "Wenn man nicht planen kann, dann plant man das Scheitern. Ziele helfen Ihnen, motiviert zu bleiben.

Das schrittweise Erreichen Ihrer Ziele kann zu einem wunderbaren Gefühl der Zufriedenheit führen.

2. Lernen, mit dem Budget umzugehen

Budgetierung muss nicht langweilig sein. Alles, was Sie tun müssen, ist, Informationen über Ihre Finanzen, einen Plan zur Durchführung und Disziplin darin zu haben:

Wie hoch ist Ihr Einkommen, wie hoch sind Ihre regelmäßigen Ausgaben, und stellen Sie dann sicher, dass alle Ihre anderen Ausgaben unter dem verbleibenden Betrag liegen. So können Sie mit dem Sparen und Investieren beginnen. Mit der Budgetierung haben Sie die Kontrolle über Ihre Finanzen.

3. Informationen über Investitionen, insbesondere Immobilieninvestitionen

Lernen Sie, wie Sie den Immobilienmarkt erforschen können, damit Sie Immobilien kaufen können, die Ihnen nicht nur eine gute Mietrendite, sondern auch den bestmöglichen Kapitalzuwachs bringen.

WOHLSTAND AUFBAUEN

Lesen Sie Investitionsbücher, lesen Sie Autobiographien von erfolgreichen Menschen, sprechen Sie mit Menschen, denen es gelungen ist, das zu tun, was Sie tun wollen. Je mehr Sie lernen, desto leichter wird es sein, eine gute Investition zu erkennen.

Lernen Sie die negativen, neutralen und positiven Zahnräder kennen und erfahren Sie, wie dies ein unschätzbar wertvolles Instrument ist, das es Ihnen ermöglicht, in einem beschleunigten Zeitrahmen eine Vermögensbasis aufzubauen, als wenn Sie nur Ihre eigenen hart verdienten Dollars investieren würden.

Wenn Sie erst einmal ausgebildet sind und diesen Markt verstehen, werden Sie wissen, warum die Investition in Immobilien ein so mächtiges Instrument ist, und Sie werden in der Lage sein, den Weg zur finanziellen Sicherheit einzuschlagen.

Aufbau von Wohlstand durch Joint Ventures

Fast alle der heutigen Milliardäre bauten ihr Imperium in einer Art Joint Venture auf. In der Vergangenheit bauten Joint Ventures auf Fusionen, Freundschaften, Netzwerken und Allianzen auf. Das Internet hat Joint Ventures eingeführt, die darauf abzielen, Web-Verleger mit Produkten zu verbinden, die sie verkaufen können.

Die grundlegenden Prinzipien hinter Joint Ventures sind wirtschaftlich sinnvoll. Es ist oft billiger, einer inhaltsreichen Website einen Prozentsatz der Verkäufe oder eine Gebühr für eingehenden Verkehr als Gegenleistung für die Veröffentlichung zu zahlen.

 WOHLSTAND AUFBAUEN

Das Web arbeitet daran, inhaltsreiche Websites mit kleinen Unternehmen zu verlinken. Aber wie alles andere auch, gibt es einen richtigen Weg, ein Unternehmen zu gründen, und einen falschen Weg.

Affiliate-Programme

Zu den beliebtesten gehören die Affiliate-Programme, die über Commission Junction, Click Bank und das Compliance-Programm von Amazon laufen. Dies ermöglicht es dem Web-Publisher, die zu bewerbenden Produkte auszuwählen. Im Gegenzug erhält das Kleinunternehmen ein "Vorverkaufs"-Instrument und mehr Verkehr.

Allerdings sind nicht alle Web-Publisher gleich. Viele verstehen die Feinheiten des Vorverkaufs nicht. Sie glauben, dass ihr einziger Zweck darin besteht, einen

"Platzhalter" im Web zu erstellen, damit die Anzeige erscheint.

Das macht es frustrierend für den Kleinunternehmer, der für Tausende von Klicks bezahlt, aber relativ wenige Verkäufe tätigt.

Die meisten Unternehmen heben nach einigen Monaten die Hand und schreien: "Gibt es etwas Besseres?

Die Antwort ist einfach: Ja.

Es gibt Tausende von Joint-Venture-Möglichkeiten da draußen. Es gibt wahrscheinlich weniger als ein Dutzend legitime. Die meisten von ihnen, zu einem Preis, der weit über dem liegt, was ein Fachmann zu Hause bezahlen kann.

Das zwingt die Heimarbeiter, die Dinge auf die altmodische Art und Weise zu tun. Nehmen Sie sich die Zeit, im Web zu surfen. Wenn eine oder zwei Websites einen ausgezeichneten ROI (Return on Investment) für Ihre PPC-Kampagne (Pay Per Click) bieten, besuchen Sie die Website.

Wenn die Website ein Forum, Blogs, neue Inhalte, Mailinglisten enthält, dann hat der Kleinunternehmer eine Goldmine gefunden. Setzen Sie sich mit dem Webredakteur in Verbindung und fragen Sie ihn, ob er an einem Joint Venture interessiert ist.

Qualität

Die Freiheit, die Website zu durchsuchen und nach den besten Content-Management-Websites zu suchen, kann Ihren ROI dramatisch steigern.

Einige der größeren Content-Management-Websites haben ihre eigenen Werbetarife. Das kann Ihnen das Leben erleichtern, aber es gibt Möglichkeiten, den Verlegern mehr Wert zu bieten.

Mehrwert hinzufügen

Eine Möglichkeit, einen Mehrwert zu schaffen, besteht darin, den Verleger zu fragen, ob es etwas gibt, was Sie für ihn verkaufen können. Viele Webverlage können leicht ein Buch erstellen. Wenn Sie es zu ihrem "Paket" hinzufügen, kann Ihr Wunsch, ihnen beim Verkauf zu helfen und ihnen mehr Links zu geben, verstärkt werden.

Erfolg

Der Erfolg eines Joint-Venture-Programms wird im Vertrag festgehalten. Wenn das Unternehmen keinen rechtsgültigen Vertrag benötigt, ziehen Sie in Betracht, einen Dienst wie www.adbrite.com in Anspruch zu nehmen, bei dem sie zusammenarbeiten und die Adbrite-Plattform nutzen können, um Daten zu verfolgen und zur Generierung von Wohlstand beizutragen.

 WOHLSTAND AUFBAUEN

Gemeinsame Mythen zur Vermögensbildung

Es gibt einige verbreitete Mythen, die die Arbeit in lokalen Unternehmen und Investoren am Erfolg hindern. Diese Mythen können eine starke psychologische Wirkung auf Kleinunternehmer haben und sie daran hindern, Wohlstand zu schaffen und ihr volles Potenzial auszuschöpfen.

Geld macht Geld

Die Geschichte, dass man mit Geld geboren werden muss, sonst wird man es nie bekommen, ist ein völliger Mythos. Millionäre werden jeden Tag gemacht. Die meisten fangen mit nichts an und verwenden ein Programm, mit dem Tausende anderer

Geschäftsinhaber gescheitert sind. Bill Gates, Ophra und Martha Stewart u.a. gingen von bescheidenen Anfängen aus. Eine der Möglichkeiten, Ihren Reichtum zu vergrößern, besteht darin, Millionen von Menschen zu beeinflussen, denn wenn das geschieht, werden diese Millionen von Menschen akzeptieren, was Sie zu bieten haben.

Geld wird auf Kosten der Armen verdient

Wenn Sie Angst haben, in den Ring aus Messing zu steigen, weil Sie Angst haben, das Leben eines anderen Menschen zu ruinieren, dann entspannen Sie sich. Ihr Spielbuch kann moralisch und ethisch sein und auf uralten Werten basieren, und es wird Sie zu unermesslichem Reichtum führen. Der einfachste Weg, reich zu werden, ist, wie bereits erwähnt, die Schaffung von Werten im Leben anderer Menschen. Es gibt genug Geld für alle. Viele "Arbeit zu Hause"-Programme zeigen dies. Das Unternehmen kann 10.000 Programme verkaufen. Nur weil nur 100 Personen erfolgreich waren, bedeutet das nicht, dass das Programm ein Betrug war. Diejenigen, die nicht erfolgreich sind, glauben nicht, dass sie es können. Denken Sie daran, dass Erfolg im Kopf beginnt. Sie müssen glauben, dass Sie Erfolg haben können, bevor Sie Erfolg haben. Die Visualisierung dessen, was Sie wollen, noch bevor Sie es haben, wird der Motor sein, der Sie dazu bringt, im Spiel zu bleiben.

Man muss die Familie opfern, um Reichtum zu schaffen ist FALSCH

Die Reichen arbeiten nicht so hart wie die Fabrikarbeiter, die die Unternehmen leiten, die ihren Reichtum aufgebaut haben.

Diese Generation hat einen neuen Ausdruck geprägt: "Arbeite hart oder arbeite klug".

WOHLSTAND AUFBAUEN

Es gibt einen Unterschied zwischen hart arbeiten und klug arbeiten. Erfolgreiche Menschen lernen, intelligent zu arbeiten. Sie lernen, erfolgreichen Menschen nachzueifern und sie als Vorbild zu nutzen, um Fehler zu vermeiden, die andere Menschen machen.

Sie können eine Menge Zeit, Geld, Mühe und einige größere Kopfschmerzen sparen, wenn Sie einen Mentor finden oder einen Lebens-/Erfolgscoach einstellen.

Ihr Unternehmen zum Laufen zu bringen, erfordert Arbeit, aber Sie können sich für ein erfolgreiches Unternehmen und eine Familie entscheiden.

Die Reichen können nicht normal leben

Die meisten der heutigen Millionäre leben in Vorstädten und führen ein normales Leben. Der Traum, das Leben der Reichen und Berühmten zu leben, hat seinen Glanz

verloren. Immer mehr Menschen erfahren, dass die Fantasie von Reichtum attraktiver war als die Realität.

Sie können jedoch ein gutes Leben führen, ohne auf ein normales Leben verzichten zu müssen. Es gibt keinen Grund, warum Sie nicht am Wochenende mit Ihrer Familie auf einem Campingplatz Urlaub machen und dann unter der Woche mit einem teuren, hochwertigen Anzug und Schuhen an einer Konferenz teilnehmen können.

Lassen Sie sich nicht durch die Angst, reich zu sein, davon abhalten, Ihre Träume zu verwirklichen.

Das Leben ist süß. Es wird das sein, wofür Sie sich entscheiden, solange Sie daran denken, dass niemand definieren kann, wer Sie sind, es sei denn, Sie geben ihm die Macht dazu.

Haben Sie das Ziel, Wohlstand aufzubauen?

Das Geld ist da draußen. Egal, wie viele Leute Ihnen sagen, dass wir uns mitten in einer Wirtschaft in der Krise befinden, dass der Markt dies oder jenes tut und dass es zu riskant ist, sozusagen "das Spiel zu spielen", die Leute werden jeden Tag reich. Das ist die Realität.

Der Trick besteht natürlich darin, einer dieser Menschen zu werden.

"Ja", könnte man sagen. "Der Typ hatte Glück. Wie stehen die Chancen, dass mir das passiert? "Nun, absolut null, wenn Sie nichts tun, um Ihren Träumen zu Reichtum zu verhelfen. In das Klischee des Glücks zu verfallen, bedeutet, die Person zu unterschätzen, die Erfolg hatte. Hören Sie auf, sich die Ergebnisse anderer Menschen anzusehen, und fragen Sie, welche Schritte diese Person unternommen hat, um ihren Reichtum aufzubauen. Hören Sie auf, der kritische Zuschauer zu sein, und werden Sie zum handelnden Akteur.

Reich werden ist keine Frage des Zufalls. Das Glück begünstigt den vorbereiteten Verstand; man muss die Grundlagen schaffen, um die Gelegenheit zu ergreifen, wenn sie sich bietet. Sie müssen nicht nur in der Lage sein, diese Chancen zu erkennen, sondern auch die Mittel haben, sie zu nutzen.

Den Grundstein zu legen bedeutet, einen Plan für Ihre finanzielle Zukunft zu haben, was ist also Ihr Plan für den Aufbau von Wohlstand?

WOHLSTAND AUFBAUEN

Wenn Sie, wie die meisten Menschen, keins haben, dann werden Sie des Geldüberflusses niemals würdig sein. Aber wenn Sie erkennen, dass Sie allein die Verantwortung für Ihr Leben tragen, wird dies eine ganz andere Sache sein.

Laut Robert Kiyosaki, Autor der Buchreihe "Rich Dad, Poor Dad", sagt er, dass Sie Ihre Finanzphilosophie kontrollieren müssen. In seinem Buch "The Money Flow Quadrant" beschreibt der Autor die vier Philosophien so, wie sie ihm von dem Mann, den er seinen "reichen Vater" nennt, beschrieben wurden. Auf der linken Seite des Quadranten befinden sich die E's und die S's: die Angestellten und die Selbständigen. Die Philosophie des E basiert auf Sicherheit, während die Philosophie des S darauf beruht, sein eigenes Ding zu machen. Zwar ist gegen beide Philosophien nichts einzuwenden, aber beide werden Ihnen wahrscheinlich nicht helfen, viel Reichtum aufzubauen.

Auf der rechten Seite des Kiyosaki-Quadranten befinden sich die Bs und die Is: Geschäftsinhaber und Investoren. Der Unterschied zwischen einem B und einem S, so Kiyosaki, besteht darin, dass das B ein System aufgebaut hat, das es manipulieren kann, um es auszuführen, wodurch es für andere finanzielle oder persönliche Aktivitäten frei wird. Ein S besitzt einfach "einen Job", wie Kiyosaki sagt, und ist so ein integraler Bestandteil der Operation, dass es im Wesentlichen ein Gefangener ist. Das Unternehmen, das er geschaffen hat, ist sein "Baby". Aber wir alle wissen, wie anspruchsvoll Babys sind, und wenn ein Unternehmen nie erwachsen wird, das ohne seine Mutterschaft überleben kann, wird es die meiste Zeit Ihrer Zeit in Anspruch nehmen.

Der Trick besteht also nicht darin, ein besseres Produkt zu bauen. Es geht darum, ein besseres Produkt zu schaffen, effizienter in Bezug auf Ihre eigenen Ressourcen. Bauen Sie ein System auf, keinen Job. Dann werden Sie das Geld haben, und es wird sich um Ihre persönlichen Bedürfnisse kümmern und Ihnen ermöglichen, zu investieren.

Wenn Sie bereits viel Geld haben, mit dem Sie arbeiten können, können Sie direkt in den Quadranten I springen, nachdem Sie in Ihre eigene Ausbildung investiert und gelernt haben, wie sie funktioniert. Investieren ist riskant, wenn man blind springt, aber wenn man weiß, was man tut, ist das eine ganz andere Sache.

Bauen Sie also das Fundament mit Bildung und bauen Sie dann Ihren Reichtum auf, als ob Sie eine Struktur aufbauen würden. Sparen Sie nicht an Materialien, sondern gehen Sie methodisch vor. Irgendwann werden Sie ein beeindruckendes Gebäude vor sich sehen, das Ihnen hilft, jeden Sturm zu überstehen.

Entfernen Sie persönliche Hindernisse für den Wohlstand

Reichtum ist der Zustand des Überflusses und des üppigen Reichtums, der ein reiches Angebot an materiellen Gütern, Ressourcen und Geld mit sich bringt. Sie könnte auch als Eigentum von monetärem wirtschaftlichen Wert definiert werden.

In der Wirtschaftswissenschaft wird Reichtum definiert als der Bestand an Sachkapital, Humanressourcen und Nettofinanzvermögen, den ein Land im Ausland besitzt. Physisches Kapital umfasst das Eigentum an Gebäudestrukturen, Maschinen, Eisenbahnen und anderen materiellen Anlagegütern. Humankapital hingegen ist die Qualität der Arbeitskräfte mit Schwerpunkt auf dem Bildungsniveau, die zur Produktivität des Landes beiträgt. Während das Nettofinanzkapital vom Geldwert der von Ausländern in der lokalen Wirtschaft erworbenen Vermögenswerte bis zum Erwerb des Landes durch Ausländer liquidiert wird.

Reichtum wird oft mit Geld wie Ersparnissen, Investitionen und anderen Formen von Finanzkapital in Verbindung gebracht.

Aber das Wort "Reichtum" ist von den alten englischen Wörtern "weal" und "th" abgeleitet, die zusammengenommen "welfare condition" bedeuten. "Wirtschaftlich" hingegen stammt von dem griechischen Wort "oikonomia" ab, was "Haushaltsführung" bedeutet.

 WOHLSTAND AUFBAUEN

In einer anderen Perspektive sehen manche Menschen Reichtum als eine echte Offenbarung wahrer Werte und erklären das, was als wichtig für das Leben angesehen wird, als eine Widerspiegelung des wahren Bildes und Selbst.

Die Gesellschaft steht heute vor der Herausforderung, eine Lebensqualität zu erhalten, die zum Gleichgewicht zwischen Wirtschaft und Qualität beiträgt. Eine solche Perspektive ermöglicht es dem Einzelnen, wirkliche Vorzüge zu bewerten: Stärke und Möglichkeiten zur Steigerung des realen Potenzials.

Eine Person, die versucht, Werte und Prinzipien mit dem Zustand des Wohlbefindens in Einklang zu bringen, glaubt, dass sie auf der Suche nach echtem Reichtum ist, nach allem, was das Leben lebenswert macht (persönliches, berufliches, spirituelles, ökologisches und finanzielles Wohlergehen).

 WOHLSTAND AUFBAUEN

Menschen definieren echten Reichtum in erster Linie über harmonische Beziehungen zu Familienmitgliedern, Vorgesetzten, Mitarbeitern, Kollegen, Nachbarn und Bekannten. Einige sehen es in der Einfachheit und Komplexität natürlicher Schöpfungen. Oder sie könnte in Form von Freude, sozialem Zusammenhalt und nicht quantifizierbaren abstrakten Gedanken und Ideen gemessen werden.

Ein weiteres relevantes Wort, das mit Reichtum in Verbindung gebracht werden kann, ist Wert, das vom lateinischen Wort "volorum" abgeleitet ist und "würdig sein" bedeutet.

Wert ist oft mit monetären Ausdrücken wie Kosten, Preisen und Investitionserträgen verbunden. Aber der wahre Wert (Valorum) liegt in den einfachen Dingen, die das Leben

 WOHLSTAND AUFBAUEN

lebenswert machen. Es ist der Wert von Beziehungen, der Wert dessen, was man besitzt, und man sehnt sich nicht nach Dingen, die nicht in seinem Besitz sind.

WOHLSTAND AUFBAUEN

Wie ein Millionär mit einem Dollar umgeht

Wenn Sie nicht wissen, wie man eine Million Dollar verwaltet, garantiere ich Ihnen, dass das Geld schnell verschwinden wird. Genau wie die 90% der Lotteriegewinner, die in fünf Jahren scheitern, verfügten sie nicht über die grundlegende Disziplin oder Formel für den Umgang mit Geld, die eine finanzielle Basis für Generationen geschaffen hätte. Lernen Sie, wie man mit einem einzigen Dollar umgeht, damit Sie allein in die große Finanzliga aufsteigen können.

Gib einem Millionär einen Dollar und er wird etwas Vorhersehbares tun: Er wird die Disziplin aufbringen, ihn nicht auszugeben. Dieser Dollar wird auf ein Sparkonto eingezahlt, wo er Zinseinnahmen generiert.

WOHLSTAND AUFBAUEN

Ein Millionär gibt kein verdientes Einkommen aus! Sie geben nur die Einnahmen aus ihren Investitionen aus. Ein Millionär wechselt Geld von einem Arbeitsplatz, Überstundenzuschläge, Anleihen usw. in Anlagekonten. Wenn Sie anfangen, werden Sie wahrscheinlich keine Investitionen haben, wie wollen Sie also Ihre Rechnungen bezahlen? Weisen Sie das Sprichwort zurück: "Versuchen Sie, etwas Geld zu sparen, nachdem Sie jeden Monat Ihre Rechnungen bezahlt haben. Das kommt selten vor und kann zu wenig sein, um es zu addieren. Dieser Spruch ist psychologisch rückwärts gerichtet. Das neue Sprichwort, das ich möchte, dass Sie anfangen, Ihre Sichtweise zu ändern, lautet: "Zahlen Sie zuerst selbst und setzen Sie diese Ersparnisse ein, damit Sie mit Zinseszins die Ergebnisse genießen können", Geld muss für Sie arbeiten und keinesfalls umgekehrt. Wenn Sie dies beherrschen, werden Sie einen großen Unterschied feststellen.

Lassen Sie uns über finanzielle Bausteine sprechen. Geben Sie einem Millionär einen Dollar und er wird ihn in die verschiedenen Bausteine einer soliden finanziellen Grundlage aufteilen. Zehn Cents dieses Dollars werden einem permanenten Investitionskonto zugewiesen, das niemals ausgegeben wird. Dieses Konto baut Ihr Vermögen auf. Wie ich bereits sagte: "Reichtum kann nur durch den Betrag an Geld geschaffen und erhalten werden, den Sie erhalten und nicht ausgeben". Nun, dies ist dieses Konto, und Sie müssen es um einen Teil jedes Dollars, den Sie erhalten, erhöhen. Ein weiterer Dime wird einem Sparkonto zugewiesen. Dabei handelt es sich um ein Konto für verspätete Ausgaben für teure Einkäufe wie Urlaub, Hausreparaturen oder Autos.

Millionäre sparen Geld, um etwas zu kaufen, bevor sie es kaufen, nicht später auf Kredit, wo Sie Zinsen zahlen müssen. Die nächsten zehn Cent werden für die Vermögensbildung bereitgestellt. Die Wirtschaft ist ständig im Wandel, und Sie sind letztlich dort, wo Sie zunächst einmal Ihr ganzes Geld anlegen müssen. Die einzige Möglichkeit, dies klug zu tun, besteht darin, Ihr Investitionswissen zu erweitern. Holen Sie sich Investitionsideen durch die Bezahlung von Beratern, Büchern, Kursen, Newslettern, Zeitschriften und Zeitungen. Die drei Währungen, die für verschiedene Zwecke zugeteilt wurden, sind die Formel für Reichtum für Millionäre; so kann Reichtum aufgebaut werden, der Generationen überdauert. Erst nachdem diese drei Eimer ihren Anteil am Dollar erhalten haben, wird ein Teil davon für Steuern auf diesen Dollar verwendet. Denken Sie daran, dass ein Millionär den Steuereintreiber bezahlt, nachdem die wichtigsten Bausteine ihren Anteil erhalten haben.

So etwas wie "Einkommen vor Steuern" gibt es nicht. Es besteht eine Steuerpflicht auf alle Einkünfte aus allen Quellen. Ein Millionär wird also eine Steuerstrategie haben, um diesen Dollar zu erhalten, bevor er bei der Bank eingezahlt wird. Millionäre zahlen ihre Steuern nicht zu viel, sie verwalten die Steuerverpflichtungen, weil sie ihre größte Ausgabe sind (addieren Sie, wie viel Sie für die Einkommenssteuer an die IRS, die Staats-, Stadt- und Vermögenssteuer bezahlt haben; es ist wahrscheinlich eine viel größere Zahl, als Sie erwarten würden).

Zu den Möglichkeiten, Ihre Steuern zu minimieren, gehören die Gründung eines Teilzeitunternehmens, um legitime Abzüge zu schaffen, der Kauf von Investitionen, die Abschreibungen bieten, wie Immobilien und Öl, und die Suche nach dem besten CPA, der Sie berät.

Die Formel für die Verwaltung eines Dollars, der von Millionären befolgt wird, lautet: Minimieren Sie Ihre Steuerverpflichtungen, stellen Sie Teile davon zum Aufbau Ihrer

finanziellen Basis zur Verfügung, verringern Sie den Prozentsatz des Arbeitseinkommens, den Sie ausgeben, bis er Null ist, und bauen Sie die Disziplin auf, diese Routine ständig zu befolgen.

Nun, ab welchem Alter wünschen Sie sich, dass Sie dieses Material gelernt hätten? Ab welchem Alter sollten Sie Ihrer Meinung nach damit beginnen, Ihre Kinder diesen Ideen auszusetzen? Die richtige Antwort lautet: so bald wie möglich.

WOHLSTAND AUFBAUEN

Die Überwachung Ihrer Finanzen zeigt unbezahlbare Lektionen

Das wichtigste Element beim Aufbau von Wohlstand ist seine Messung. Menschen, die ihr Vermögen kontinuierlich gesteigert haben, folgen ihm, um es zu verwalten und bleiben motiviert, immer höhere finanzielle Ziele zu erreichen.

Die messbaren Ergebnisse Ihrer Ausgaben- und Investitionsentscheidungen zu sehen, ist der erste Schritt, um die Kontrolle darüber zu übernehmen. Im Gegensatz dazu haben Menschen, die sich in der schlimmsten finanziellen Lage befinden, keine Ahnung, wofür ihr Geld ausgegeben wird, und haben zu viel Angst davor, zu wissen, was ihr

Nettovermögen sein könnte. "Man kann nicht managen, was man nicht misst. Denken Sie darüber nach: Wenn Sie sehr reich wären, würden Sie jede Woche einige Zeit damit verbringen, einen Teil des Geldes zu verwalten. Nun, wenn Sie Ihre finanzielle Situation verbessern wollen, ist eine Einsteigervariante einer Geldmanagement- und Nachverfolgungsmethode erforderlich. Je mehr Geld Sie ansammeln, desto mehr finanzielle Vermögenswerte und Verbindlichkeiten müssen Sie kontrollieren. Wenn Sie vor dem Kauf noch nicht über eine Finanzübersicht verfügen, werden Sie sie wahrscheinlich nicht lange haben.

Wenn Sie die Gewinne und Verluste aus Ihren finanziellen Entscheidungen nicht sehen oder fühlen, spielen Sie das komplizierte Spiel des Lebens ohne eine Punktekarte. So viele Menschen mit menschenwürdigen Arbeitsplätzen und einer anständigen Versicherung befinden sich noch immer in finanziellen Schwierigkeiten. Man muss über Orientierungspunkte verfügen, um zu wissen, ob man auf die Schaffung oder die Zerstörung von Reichtum zusteuert. Durch die Überwachung Ihres Nettovermögens werden Sie beginnen, die finanziellen Auswirkungen und Konsequenzen Ihrer Entscheidungen zu erkennen.

Der Ausgangspunkt für die finanzielle Bewertung ist eine einfache Aufstellung des Nettovermögens (oder der Bilanz). Wenn Sie diesen Begriff noch nie gehört haben, handelt es sich um eine Liste mit dem aktuellen Marktpreis von allem, was Sie besitzen und was Sie anderen schulden. Die Differenz zwischen diesen beiden Zahlen wird als Ihr Nettovermögen bezeichnet, und dies ist die Zahl, die Sie messen und jeden Monat erhöhen möchten.

Genau wie bei einem Unternehmen können Sie, sobald Sie die finanziellen Folgen Ihres

Verhaltens messen, Ihre eigenen persönlichen Ausgabenregeln aufstellen. Wenn Sie zum Beispiel den größten Teil Ihres monatlichen Einkommens für Restaurants ausgeben, versuchen Sie, eine Regel aufzustellen, nach der Sie nur zweimal pro Woche ausgehen. Wenn Sie zu viel Geld für Gas ausgeben, müssen Sie mehrere Wege finden, um es zu reduzieren. Einfache Ideen und spätere Regeln wie diese werden dazu beitragen, Ihren Nettowert zu erhöhen, was zu größeren Ideen und mehr Gewinn führt.

Wenn Sie feststellen, dass Sie hohe Schulden haben, die Ihr Nettovermögen oder möglicherweise Ihr negatives Nettovermögen mindern, welche Schuldenregeln werden Sie dann für sich selbst aufstellen? Wie viel Zeit sind Sie bereit, das Geld zu überwachen und wie viel Aufwand sind Sie bereit, sich über Investitionen zu informieren, nachdem Sie gespart haben? Diese Fragen werden Ihnen

WOHLSTAND AUFBAUEN

helfen, Ihre Investitionsregeln zu erstellen. Irgendwann werden Sie Regeln für Ausgaben, Sparen, Verschuldung und Investitionen haben, die Ihren persönlichen Plan so gestalten werden, dass Sie beginnen, Ihr Nettovermögen in eine sehr positive Richtung zu bewegen. Denken Sie darüber nach, eine Regel hinzuzufügen, die lauten könnte: Lesen Sie jeden Monat ein neues Finanzbuch, um sich weiterzubilden. Bei den ersten paar Malen kann es sehr hilfreich sein, eine Excel-Tabelle mit Ihren Schulden und Vermögenswerten zu erstellen, damit Sie Ihre Ausgaben und Einnahmen konkreter sehen können. Wie dem auch sei, die Technologie zeigt es Ihnen heute auf eine direktere Art und Weise, so dass Sie dies durch Homebanking spüren können. Denken Sie daran, dass diese ersten Schritte, die Sie unternehmen werden, von grundlegender Bedeutung sind, weil sie Ihre geldpolitische Disziplin schmieden werden. Die Ausgaben, die Sie von jetzt an machen müssen, müssen Sie in jene Ausgaben aufteilen, die unmöglich nicht zu machen sind, und darin finden Sie unter anderem Lebensmittel und bestimmte Steuern. Auf der anderen Seite haben Sie die so genannten Ameisenausgaben, das sind jene Käufe, die Sie haben und von denen Sie nicht glauben, dass sie sich auf Ihren Geldbeutel auswirken, sondern in der Summe, wenn Sie sich bewusst sind, dass sie schädlich sein können, und das können sein: einen ganzen Monat lang, wenn Sie sich irgendwo Ihrer Wahl ein Frühstück kaufen, jeden Tag, wenn Sie sich ein Bonbon kaufen, das Ihnen schmeckt. Schließlich gibt es noch die so genannten unnötigen Ausgaben, und hier sind die Artikel, die Sie kaufen, nur weil Sie den Impuls haben, diesen bestimmten Artikel zu mögen, ohne richtig darüber nachzudenken, ob Sie ihn wirklich brauchen und wie sehr er sich auf Ihre Vermögensakkumulation auswirken könnte. Bei all dem möchte ich nicht, dass Sie glauben, Sie müssten sich keine Freude machen, sondern nur, dass Sie, vor allem am Anfang, sorgfältig mit Ihrem Reichtum umgehen müssen. Sie müssen Ihre Mentalität stärken. Wer kauft nicht gerne ein neues

 WOHLSTAND AUFBAUEN

Objekt? Dann können Sie jeden Monat 10% Ihres Einkommens beiseite legen, um ein neues Hemd und eine neue Jeans zu kaufen, weitere 10%, um ein schönes Restaurant zu finden, oder auch wenn Sie gerne jeden Tag im Freien frühstücken, machen Sie ein System, um diese Ausgaben zu bedenken und sie nicht dem Zufall zu überlassen.

Was Sie erkennen müssen, ist, dass Sie sich all dessen bewusst sein müssen, was in und aus Ihrer Tasche ein- und ausgeht, und dass Sie sich entscheiden müssen, ein System zu etablieren, damit das Geld, das hereinkommt, IMMER von selbst wächst, und dass es mehr sein wird, was hereinkommt, als was ausgeht, erst dann werden Sie in der Lage sein, Ihren Reichtum zu schaffen. Ihre Finanzberichte und Ihre Finanzregeln können so einfach oder anspruchsvoll sein, wie Sie es wünschen.

Wenn Sie Ihren ersten Vermögensnachweis berechnet haben, werden Sie beginnen, Käufe und Zahlungen wie oben beschrieben zu planen. Ein einfaches Beispiel: Wenn Ihre Rechnung für die Kfz-Versicherung einmal im Jahr eintrifft, können Sie berechnen, wie viel Geld Sie jeden Monat beiseite legen müssen, um es bei Ankunft problemlos abzubezahlen. Oder wenn Sie ein neues Auto kaufen, werden Sie viel glücklicher sein, wenn Sie die Anfangskosten planen können, bevor Sie am Monatsende in Bedrängnis geraten und einige Rechnungen verspätet bezahlen müssen.

Nachdem Sie sich mit einer Vermögensaufstellung vertraut gemacht haben, können Sie zu einer Ertrags- und Aufwandsrechnung übergehen.

Machen Sie dann Projektionen für alle Ihre Aussagen. Und entwerfen Sie Szenarien wie: Wie viel ist ein vernünftiges Renteneinkommensziel für Sie? Wie viel

WOHLSTAND AUFBAUEN

Nettovermögen werden Sie bis wann benötigen? Wie werden Sie Ihr Einkommen erhöhen, Ihre Ersparnisse vergrößern, Ihre Anlageerträge steigern? Die Antworten werden auf den von Ihnen entwickelten finanziellen Gewohnheiten, Werkzeugen und Ausbildungen basieren, aber es kann alles mit Ihrer ersten Vermögenserklärung beginnen.

 WOHLSTAND AUFBAUEN

ROI-Berechnung mit Präzision

Der Begriff "Return on Investment" (ROI) wird oft verwendet, aber wissen Sie, was er wirklich bedeutet und wie man ihn berechnet?

Drei Möglichkeiten zur Berechnung des ROI:

Cash on Cash: Wenn Sie 20.000 Dollar investieren und um 10.000 Dollar wachsen, ist das eine Cash on Cash-Rendite von 50 Prozent, die sich hervorragend für die Schaffung von Wohlstand eignet.

Gesamtinvestitionssumme: Wenn Sie $20.000 für eine Hypothek von $200.000 einzahlen, wächst die Summe der $200.000 und nicht das, was Sie ursprünglich verdient haben. Dies ist wohl weniger relevant, da der Betrag, der mit dem ursprünglich platzierten Betrag erzielt wurde, wichtiger und nützlicher ist.

Verlorene Opportunitätskosten: Wenn Sie versuchen, mit dem Geld eines anderen Geldes Geld zu beschaffen, müssen Sie den Verlust nachweisen, der Ihnen entstehen könnte, wenn Sie nicht investieren. Wenn Sie eine Investition haben, die 20 Prozent Zinsen zahlt, und der Kreditgeber hat Geld in etwas, das nur 5 Prozent zahlt, müssen Sie ihm zeigen, wie viel er verliert, wenn er seine Chance verpasst.

Was die Reichen tun, das wir nicht tun

Die Reichen entwickeln eine Nische der Vermögensbildung, die ihnen enorme Renditen für das ermöglicht, was sie tun: Immobilien, Investitionen auf dem Markt, ihr tägliches Geschäft. Sobald sie das Geld haben, kaufen die Reichsten der Reichen zweifellos Anleihen, Schlüsselanleihen oder eine andere Art von Fonds, die zwischen drei und fünf Prozent Rendite abwerfen. Sie wollen ihr Prinzip schützen. Sie würfeln nur in einem Fachgebiet, in dem sie eine sichere Rückkehr erwarten können.

 WOHLSTAND AUFBAUEN

Geheimnisse der Schaffung von wissenschaftlichem Wohlstand - Diversifikation

Dies ist eine Serie von Artikeln über das Studium allgemeiner wissenschaftlicher Ideen zur Schaffung eines Systems zur Schaffung von Wohlstand, das nach den Gesetzen des Universums funktioniert. Diese Konzepte stammen aus der Beobachtung unserer Umwelt. Wissenschaftler haben entdeckt, dass die Naturgesetze bestimmten Mustern folgen. Einige physikalische Gesetze scheinen überall vorhanden zu sein, von kleinen Atomen bis hin zu riesigen Sternen.

WOHLSTAND AUFBAUEN

Alles im physischen Bereich neigt dazu, von diesen Gesetzen beeinflusst zu werden, so dass sie auch auf Ihr Unternehmen angewendet werden können, wie Sie in wenigen Minuten sehen werden. Die gesamte Serie enthält die folgenden Artikel.

1. Entropie
2. Das Leben
3. Die Multiplikation
4. Synergie
5. Trägheit
6. Schwerkraft
7. Diversifizierung

Diversifizierung ist überall in der Natur. Im Leben geht es nicht um eine Sache. Es geht um viele Dinge. Es ist wie das Sprichwort sagt: "Vielfalt ist die Würze des Lebens". In diesem Artikel finden Sie Informationen über Diversifizierung und wie dieses Konzept auf Ihr Unternehmen angewendet werden kann.

WOHLSTAND AUFBAUEN

Es gibt eine große Diversifizierung im Universum. Die Planeten unterscheiden sich voneinander. Dasselbe gilt für Sterne und Galaxien. Sie unterscheiden sich in Form, Größe, Farbe, innerer Struktur usw.

Es gibt eine diversifizierte Uniformität im Universum. Beispielsweise enthalten Lebewesen Kohlenstoff als einen ihrer Bestandteile. Eine Zelle ist die kleinste strukturelle Grundeinheit des Lebens. Es gibt viele Gemeinsamkeiten wie diese zwischen lebenden Organismen, aber sie unterscheiden sich alle in Größe, Farbe, Art, Lebensraum, Lebensdauer, physischer Stärke und vielen anderen Aspekten.

Dasselbe gilt für Unternehmen. Wenn Sie sich auf die Entwicklung eines einzigen Produkts konzentrieren, können Sie sehr erfolgreich sein, aber die meisten Unternehmen versuchen, zumindest einige

Produkte zu vermarkten. Menschen lieben es, Optionen zu haben. Zum Beispiel haben alle Autos eine ähnliche Grundstruktur: ein vierrädriges Transportfahrzeug, einen Motor, eine Windschutzscheibe usw.

Was eine Person dazu bringt, ein Auto einem anderen vorzuziehen, sind die Details. Oftmals machen die kleinen Details einen großen Unterschied. Dasselbe gilt für die Produkte oder Dienstleistungen, die ein Unternehmen seinen Kunden anbieten kann. Wenn Ihre Kunden zu Ihnen kommen, mögen sie ein Produkt vielleicht nicht nur wegen seiner Farbe. Indem Sie kleine Änderungen vornehmen und den Menschen mehr Wahlmöglichkeiten bieten, können Sie Ihre Verkäufe steigern.

Eine andere Möglichkeit, Diversifizierung auf Unternehmen anzuwenden, besteht darin, mehrere Einnahmequellen zu schaffen. Sie können dies erreichen, indem Sie die Einkommensquellen innerhalb Ihres

Unternehmens erweitern. Sie können auch neue Unternehmen gründen und andere Investitionen tätigen. Wie das Sprichwort sagt: "Man soll nicht alles auf eine Karte setzen. Außerdem "ist Diversifizierung das einzige freie Mittagessen.

Es geht nicht darum, alles auf einmal zu diversifizieren, sondern einen Schritt nach dem anderen. Wenn man versucht, alles auf einmal zu tun, kann man stecken bleiben. Eine gute Idee wäre es, ein Unternehmen zu gründen und Ihren Einkommensstrom innerhalb dieses Unternehmens zu diversifizieren. Dies könnte z.B. darin bestehen, Ihren Kunden verschiedene Produkte und Dienstleistungen anzubieten, damit sie die Wahl zwischen verschiedenen Optionen haben.

Sobald das Geschäft profitabel wird, können Sie diversifizieren und einen weiteren Einkommensstrom und einen weiteren und einen weiteren usw. etablieren. Auch

 WOHLSTAND AUFBAUEN

Investitionen sind eine gute Option. Viele Investitionen ermöglichen es Ihnen, ein passives Einkommen zu erhalten, so dass Sie nicht ständig arbeiten müssen, um das Geld zu verdienen.

Der Gedanke der Diversifizierung ist sehr wichtig. Wenn Sie alle Ihre Bemühungen in ein Projekt stecken, gehen Sie ein Risiko ein. Mehrere Einkommensströme eignen sich besonders gut zur Unterstützung unerwarteter Geldprobleme, wenn sie aus heiterem Himmel kommen. Das ist der Grund, warum viele reiche Leute verschiedene Geschäfte haben, statt nur eines.

 WOHLSTAND AUFBAUEN

Geheimnis der finanziellen Freiheit

Finanzielle Freiheit, Geheimnis des Anlageerfolgs, Immobilien, Börsenvermögen, Gewinne, Investitionen, Internet-Marketing, Millionär, Einkommen, Sicherheit, Möglichkeiten, Heimgeschäft, Geld, Bargeld, Vermögen.

Es war schon immer der Traum und Wunsch der Menschheit, Freiheit zu suchen: Gedankenfreiheit, Redefreiheit, Glaubensfreiheit. Warum dann nicht auch finanzielle Freiheit!

Die Definition von Wikipedia: "Finanzielle Freiheit beschreibt einen gut geplanten Lebensstil, bei dem Sie nicht mehr arbeiten müssen, um ein Einkommen zu erzielen, das Ihre Ausgaben deckt.

Der reiche Papa der arme Papa und andere Bücher über persönliche Finanzen haben sich wirklich dafür interessiert und gefragt, warum wir in der Schule und auf dem College nicht gelernt haben, wie man zu finanziellen Informationen kommt. Dieses Buch unterstützt unter anderem die finanzielle Unabhängigkeit durch Investitionen, Immobilien, Unternehmenseigentum und andere Mittel zur Geldschöpfung und Schutztaktiken.

Die meisten von uns sind hungrig und streben nach finanzieller Freiheit. Wenn Sie in einer Organisation ohne Entscheidungskapazität arbeiten, diktiert das Management Ihr finanzielles Wohlergehen. Sie wird die Konsequenzen eines administrativen Versagens innerhalb oder außerhalb ihrer Kontrolle übernehmen. Es könnten externe Makrofaktoren sein wie:

WOHLSTAND AUFBAUEN

Marktumfeld, Wettbewerb, Regierungspolitik, höhere Gewalt.... gewollt oder ungewollt. Sie wird die Früchte von Managementfehlern tragen: Personalabbau, Verkleinerung, Gehaltskürzung und stagnierende Bezahlung.

Was wird als Nächstes passieren...? Sie suchen nach einer anderen Stelle. Vielleicht gelingt es Ihnen dieses Mal, wenn Ihr Glück scheint, dafür zu sorgen, dass...falsche Worte zu benutzen, einen Job in einem großen Spitzenunternehmen zu bekommen, vielleicht besser, als Beamter mit einer Schüssel eisernen Reises zu arbeiten. In Ihren Gedanken müssen Sie sagen: Ich habe es endlich im Leben geschafft...Sind Sie auf der Suche nach ein paar Seelen? Schaffen Sie es wirklich? Ihr Lohneinkommen kann, muss aber nicht unbedingt Ihre täglichen Ausgaben decken. Vielleicht gehören Sie aber auch zu den Millionen, die immer noch Schwierigkeiten haben, Hypothekendarlehen, Autokredite,

WOHLSTAND AUFBAUEN

Kreditkarten, Rechnungen von Versorgungsunternehmen und Telefonrechnungen zu bezahlen... Rechnungen, die nicht verschwinden...

Vielleicht haben Sie das Glück, eine Stelle zu finden, bei der der Gehaltsscheck Ihre derzeitigen Lebenshaltungskosten übersteigt. Vielleicht gehören Sie zu den wenigen Glücklichen, die auf der obersten Ebene einer Organisation ein gutes Einkommen erzielen. Aber stellen Sie sich folgende Frage: Sind Sie glücklich? Sind Sie raus aus dem täglichen Rattenrennen? Sind Sie raus aus der rücksichtslosen Büropolitik? Stecken Sie in den täglichen morgendlichen Staus fest, die nie nachzulassen scheinen?

Es mag wahr sein, dass Ihnen Ihre Arbeit gefällt. Hervorragend...! Aber bauen Sie Ihr Geld an? Nutzen Sie die Macht der Kapitalisierung, um Reichtum anzuhäufen, so dass Sie, wenn der Tag kommt, an dem Sie endlich beschließen, Ihren Job aufzugeben, einen Berg von Reichtum hinter sich haben? Erst wenn Sie dieses finanzielle Stadium erreicht haben, können Sie mit Stolz sagen: "Ich tue, was ich liebe, weil ich es will!

Finanzielle Freiheit bedeutet nicht einfach Schuldenfreiheit, Schulden sind eine weitere Ausgabe. Solange ein passives Kapitaleinkommen alle Ausgaben decken kann, gilt man als finanziell frei. Diese ausreichend große passive "Spar"-Investition sollte sich im Bedarfsfall auch leicht auszahlen. Vereinfacht ausgedrückt, ist finanzielle Freiheit dort, wo man nicht für Geld arbeiten muss, sondern das Geld für einen arbeitet.

"Es könnte erreicht werden, indem man etwas findet, lernt und Zeit, Mühe und Geld aufwendet, um etwas zu bauen (passive Investition), das Einkommen gewinnbringend und beständig generiert, lange nachdem Sie "das Gebäude fertiggestellt haben. Es gibt viele

Möglichkeiten, eine Geldmaschine zu bauen. Dabei kann es sich um die Anlage oder den Handel mit Aktien, Währungen, Termingeschäften, Rohstoffen oder anderen Finanzinstrumenten handeln, die Geld einbringen können. Internet-Marketing, MLM, Wirtschaftsunternehmen und Immobilienbesitz zur Miete/Leasing sind weitere Formen des Geldverdienens.

Das größte Hindernis für die finanzielle Freiheit ist, dass nicht jeder die Fähigkeiten, Erfahrungen, Kenntnisse und das Geld hat, um sie aufzubauen. Der Schlüssel zum Wohlstand liegt darin, etwas zu finden, das zu den eigenen Fähigkeiten passt, und es aufzubauen. Die "Geldverdienermaschine" kann mehr als eine sein, es können mehrere Maschinen sein. Die Größe oder Anzahl der Maschinen, die Sie zu bauen versuchen, hängt weitgehend von Wunsch, Kapital und Grad der Risikobereitschaft ab. Sie sind alle unterschiedlich. Wichtig ist, dass Sie die Kontrolle über die Entscheidungen haben, die Ihr Leben betreffen.

Der von Ihnen gewählte Weg in die finanzielle Freiheit hängt auch weitgehend von Ihrem Interesse und der Höhe Ihres Geldes ab.

Es stimmt, dass man Geld braucht, um Geld zu verdienen, aber es stimmt auch, dass man mit wenig Geld Reichtum schaffen kann. Viele reiche Männer und Frauen haben gezeigt, dass es immer einen Weg gibt, wenn es einen Willen gibt.

Wenn Sie also dieses eBook zu Ende gelesen haben, beginnen Sie mit dem Aufbau Ihres Imperiums des Überflusses.

WOHLSTAND AUFBAUEN

Wenn Sie wirklich finanzielle Größe erreichen wollen, müssen Sie zuerst alle unbewussten Blockaden beseitigen, die Sie haben, um Geld zu verdienen. Schließlich müssen Sie Ihren Geist befreien, um den Wohlstand zu schaffen, den Sie verdienen.

WOHLSTAND AUFBAUEN

Sollten Sie einen privaten Vermögensverwalter verwenden?

Wenn Sie ein Unternehmen haben und all die harte und schwierige Arbeit, die Sie geleistet haben, um es erfolgreich zu machen, dann ist es wahrscheinlich eine gute Idee, sich nach einem privaten Vermögensverwaltungsmakler umzusehen. Es muss jetzt nicht unbedingt ein reiches Geschäft sein, aber eine Finanzdienstleistung kann Ihnen helfen, Ihr Potenzial zu erweitern, vielleicht sogar besser, als Sie es sich je vorgestellt haben. Wenn Sie einen Anlagemakler suchen, stellen Sie sicher, dass er an Ihren langfristigen Zielen und Ihrer Risikotoleranz interessiert ist und dass er die Natur Ihres Vermögens versteht.

 WOHLSTAND AUFBAUEN

Sie suchen einen privaten Vermögensverwaltungsmakler, der ein Interesse an der Entwicklung einer langfristigen Vermögensallokation hat und mit Ihnen gemeinsam eine geeignete Strategie zur Erreichung Ihrer Ziele erarbeitet. Der Broker muss das Portfolio jedes einzelnen Kunden kontinuierlich betreuen und regelmäßig mögliche Anpassungen als Reaktion auf wirtschaftliche Veränderungen, Markttrends oder Kundenbedürfnisse bewerten. Die Verwaltung des Geldes und der Ersparnisse der Menschen bietet Einzelpersonen, Familien und Führungskräften von Family Offices enorme Möglichkeiten und Verantwortlichkeiten. Die Bewältigung von Fragen des Generationenvermögens erfordert die richtigen Partner. Wenn man sich für einen privaten Vermögensverwaltungsmakler entscheidet, sollte man einen proaktiven Partner mit Fähigkeiten von Weltklasse benötigen.

Entscheiden Sie sich für eine Finanzdienstleistung mit umfassenden Finanzlösungen, die Ihnen helfen sollen, Ihr Vermögen zu mehren, zu erhalten und zu verwalten.

Viele Finanzdienstleistungen verfügen über eine spezialisierte Abteilung, die sich aus Experten in jedem ihrer Dienstleistungsbereiche zusammensetzt und sich der Bereitstellung umfassender und flexibler Finanzlösungen für Ihre individuellen Bedürfnisse verschrieben hat. Viele Dienste glauben natürlich, dass sie in diesen Bereichen führend sind. Vergewissern Sie sich nur, dass sie sich verpflichtet haben, Finanzinformationen, strategische Fragen und Trends, sowohl regional als auch global, die sich auf Unternehmen, Industrie, Märkte und grundlegende Veränderungen auswirken, rigoros zu identifizieren und zu analysieren, die einen erheblichen Einfluss auf zukünftige Investitionswerte für Sie und Ihre Familie haben können. Ein fundiertes und objektives Research ist unerlässlich, um Kunden zu bedienen, die an den Aktien-, Renten-, Devisen- und Rohstoffmärkten weltweit investieren. Bei der Suche nach einem privaten Vermögensverwaltungsmakler sollten Sie darauf achten, dass Sie sich bei Ihrem Makler wohlfühlen, so dass Sie eine Art von Beziehung zu dieser Person aufbauen können. Schließlich wird er oder sie Ihr vertrauter Berater sein, und sein oder ihr Ziel sollte es sein, Ihr Vermögen aufzubauen und zu verwalten.

Der private Vermögensverwaltungsdienst, für den Sie sich entscheiden, sollte Ihnen die Instrumente und Dienstleistungen zur Verfügung stellen, die notwendig sind, um den Verwaltungsaufwand bei der Verwaltung von Geldern zu reduzieren, damit Sie sich auf das konzentrieren können, was Sie am besten können: die Maximierung der Unternehmensleistung, das Wachstum

WOHLSTAND AUFBAUEN

Ihres Unternehmens und die Erschließung neuer Kapitalquellen. Haben Sie Programme, die Ihnen die Möglichkeit bieten, durch gut verstandene, relativ risikoarme Transaktionen Einkommen zu generieren und zu steigern?

Sie suchen solide Anlageberatung von Beratern, denen Sie sich vertrauen können. Statt vorgefertigter Produkte benötigen Sie Zugang zu qualitativ hochwertigen Anlagelösungen, die auf Ihrer einzigartigen Situation basieren, und Sie brauchen Hilfe bei der Entwicklung eines koordinierten Finanzplans, der auf Ihre gesamte Vermögenssituation und die sich im Laufe der Zeit verändernden Bedürfnisse eingeht.

 WOHLSTAND AUFBAUEN

Die 5 unerschütterlichen Gesetze zur Schaffung von Online-Wohlstand

Als das Internet begann, konnten sich nur wenige vorstellen, wie weit seine Auswirkungen in mehr als einem Jahrzehnt reichen würden. Es ist heute eine Tatsache, dass das Internet weiterhin praktisch jeden Aspekt unseres täglichen Lebens verändern wird. In dem Maße, wie die globale Internet-Bevölkerung weiter wächst, wachsen auch die Möglichkeiten für Unternehmer und normale Menschen, die der Sklaverei eines neun- bis fünfjährigen Jobs entfliehen wollen.

Die Schaffung von Online-Wohlstand ist für jedermann. Die Fülle der Möglichkeiten, die das Internet bietet, ermöglicht es jedem, damit zu beginnen, Wohlstand darauf aufzubauen. Es gibt so viele Bereiche zu erforschen, und unabhängig von Ihrem Talent, Ihren Fähigkeiten oder Interessen werden Sie etwas finden, das zu Ihnen passt. Jemand sagte einmal, dass "man online jede Leidenschaft in Profit verwandeln kann", und dies trifft heute mehr denn je zu. Es scheint, dass das größte Problem nicht darin besteht, ein geeignetes Programm zu finden, sondern darin, sich nicht von den verschiedenen Optionen, mit denen wir bombardiert werden, ablenken zu lassen. Jeden Tag eröffnen sich neue Möglichkeiten, und unsere natürliche Tendenz ist es, zu handeln. Die Schaffung von Online-Wohlstand hängt jedoch davon ab, dass man sich konzentriert und die Disziplin hat, sich nicht ablenken zu lassen.

Wenn Sie Ihr Vermögen online aufbauen möchten, hat dies viele offensichtliche Vorteile. Die Freiheit, nach der eigenen Uhr zu arbeiten und nur auf sich selbst zu reagieren, sind die Hauptgründe, warum so viele den Wechsel vom Büro in den freien Raum zu Hause vollziehen. Viele Online-Programme zur Vermögensbildung schaffen falsche Illusionen, die viele Neulinge, die ihre wertvolle Zeit und ihr Geld investiert haben, in der Kälte stehen lassen. Das Internet ist eine harte Welt, wenn es darum geht, seinen Lebensunterhalt zu verdienen, aber das gilt auch für die "reale" Welt. Erwarten Sie keine leichte Aufgabe, aber lassen Sie sich auch nicht entmutigen. Es gibt so viele Möglichkeiten online, dass Sie sicher sind, Ihren Platz so schnell wie möglich zu finden.

Es gibt fünf Gesetze der Vermögensbildung im Internet, die Ihnen enorm helfen können, Ihren langfristigen Erfolg zu sichern. Ich empfehle Ihnen, diese Gesetze zu nutzen, um potenzielle Gelegenheiten zu evaluieren oder einfach um Ihre aktuelle Position zu bewerten.

Das Gesetz der Exzellenz:

Die Dinge bewegen sich online in der Regel sehr schnell. Es ist entscheidend, dass Sie sich zu Spitzenleistungen verpflichten und immer weiter lernen und sich verbessern. Wenn Sie das nicht tun, werden Sie wahrscheinlich zurückgelassen. Streben nach Exzellenz. Man kann nicht immer wieder dieselben Dinge tun und erwarten, dass man besser wird, oder mehr von dem tun, was nicht funktioniert, dann wird es auch nicht besser funktionieren.

Das Gesetz der Qualität:

Der Begriff "Schaffung von Wohlstand" impliziert, dass es sich nicht um etwas Unmittelbares handelt. Qualität wird auf lange Sicht immer belohnt, und obwohl einige der "get rich quick"-Programme online funktionieren, funktionieren sie auf lange Sicht nur selten. Es besteht ein großer

Unterschied zwischen schnellem Geldverdienen und der Schaffung von Wohlstand. Unabhängig davon, was Sie online erstellen, achten Sie zuerst auf Qualität, da dies die Nachhaltigkeit Ihrer Arbeit gewährleistet.

Das Recht der Rechtswahl:

Reichtum ist eine Wahl. Wahrscheinlich haben Sie das schon einmal gehört, aber Sie haben es nie ganz verstanden. Reich zu sein beginnt mit einer Wahl, und diese Wahl muss man jeden Tag treffen. Das Internet ist für die größte Verteilung von Reichtum in der Geschichte verantwortlich. Die Macht verlagert sich von den großen Konzernen auf den Mann (oder das Mädchen) in Ihrer Garage mit einem einzigen Laptop. Sie können wählen, ob Sie ein Teil davon sein wollen oder ob Sie das tun wollen, was Sie schon immer getan haben.

 WOHLSTAND AUFBAUEN

Das Gesetz der Beharrlichkeit:

Wenn es darum geht, online Wohlstand zu schaffen, wird die Lernkurve für einige länger sein als für andere. Unabhängig von Ihrem Kenntnisstand werden Sie mit vielen Herausforderungen konfrontiert. Hier kommen Beharrlichkeit und Vertrauen in das, was Sie tun, ins Spiel. Denken Sie daran, dass Sie immer auf viele Schwierigkeiten stoßen werden, bevor Sie Erfolg haben: Es ist für Ihr persönliches Wachstum und Ihre Entwicklung zu einem Erfolgsniveau unerlässlich.

Das Gesetz des Mutes:

Was auch immer Sie online tun, seien Sie ein Teamplayer! Ihr Reichtum und Erfolg ist direkt proportional zu dem Wert, den Sie für andere Menschen schaffen. Wenn Sie erfolgreicher sein wollen, denken Sie einfach

 WOHLSTAND AUFBAUEN

darüber nach, wie Sie dem Leben anderer Menschen mehr Wert verleihen können.

Finanzieller Erfolg ist sicherlich für praktisch jeden erreichbar. Es besteht jedoch ein großer Unterschied zwischen erreichbarem Erfolg und nachhaltigem Erfolg. Denken Sie nur an die Geschichte von Die drei Schweinchen: Sie müssen Ihr "Haus" aus Ziegelsteinen bauen und sicherstellen, dass Ihr Erfolg auf lange Sicht nachhaltig ist. Denn wer will schon seinen Arbeitsplatz verlassen, um nach sechs Monaten wieder zurückzukehren?

 WOHLSTAND AUFBAUEN

Die automatische Gewohnheit der Schaffung von Wohlstand

Kann man wirklich automatisch Wohlstand schaffen?

Die Antwort ist ja... Sie müssen sich nur eine neue Gewohnheit aneignen, Reichtum zu schaffen.

Sie werden diese Gewohnheit lieben, weil Sie sich nicht einmal daran erinnern müssen. ein Bankcomputer merkt sich die Gewohnheit für SIE! Wie ist das möglich? Lesen Sie weiter und Sie werden es bald sehen.

 WOHLSTAND AUFBAUEN

So funktioniert die Gewohnheit der automatischen Vermögensbildung. Sie basiert auf dem Wunder des Zinseszinses und der erstaunlichen Banktechnologie, die heute praktisch allen von uns zur Verfügung steht.

Schritt 1

Wenn Sie kein Bankkonto bei Bill Pay haben, gehen Sie zu einer Bank, die ein solches hat, und eröffnen Sie ein neues Konto. Fragen Sie sie, wie viele Schecks pro Monat verschickt werden können, ob sie diese über das Internet verwalten können und wie hoch die Kosten sind. Viele Banken bieten diesen Service jetzt kostenlos als Werbung an, um mehr Kunden zu gewinnen.

Schritt 2

Entscheiden Sie, wen Sie beim Aufbau von Wohlstand unterstützen möchten. Sie können

WOHLSTAND AUFBAUEN

am Anfang Ihrer ersten Schritte in der Finanzwelt beginnen, mit Ihnen, Ihrem Kind, einem Enkelkind oder sogar einem Freund. Diese Gewohnheit dient auch dem Aufbau geistigen Reichtums. Diese Gewohnheit dient auch dazu, geistigen Reichtum zu schaffen. Immer zu helfen, den Nächsten zu unterstützen, erhebt dich und verbindet dich mit deinen Mitmenschen.

Schritt 3

Nachdem Sie das Konto eröffnet haben, können Sie nun einen beliebigen Geldbetrag auswählen, den Sie an eine beliebige Person oder Organisation und in fast jedem Zeitintervall überweisen möchten. Einige Banken bieten sogar eine unbegrenzte Anzahl von Rechnungen an, die verschickt werden können. Die Banken senden dann in regelmäßigen Abständen Schecks an die von Ihnen benannten Personen oder Organisationen.

 WOHLSTAND AUFBAUEN

Die wahre Macht dieser Gewohnheit besteht darin, dass Sie in den meisten Fällen keine Rechnungen schicken, sondern automatisch vermögensbildende Zahlungen.

Nun, bevor wir zu Schritt 4 kommen, lassen Sie uns die erstaunliche Kraft des zunehmenden Interesses betrachten, um zu sehen, wie viel Reichtum Sie mit dieser Gewohnheit im Laufe der Zeit aufbauen können.

Hier ist ein Beispiel für die Höhe des Reichtums, den Sie erzielen könnten, wenn Sie Ihre Rechnung nur 50 Dollar pro Monat auf ein Konto (Investmentfonds, IRA usw.) mit einer Rendite von 5 % überweisen würden.

 WOHLSTAND AUFBAUEN

1 Jahr = $ 615
5 Jahre = $ 3.400
10 Jahre = $ 7.764
25 Jahre = $ 29.775

Sie können mehr über Zinseszinsen erfahren, indem Sie eine Google-Suche im Internet durchführen. Es liegt auf der Hand, dass die Höhe des Reichtums, den Sie generieren können, von der Höhe und Häufigkeit der auf Ihre vermögensbildenden Konten überwiesenen Rechnungen und deren Zinssatz abhängt. Hier kann Ihnen die Forschung helfen, weshalb es entscheidend ist, dass Sie aufgeklärt und informiert sind.

Das Schöne am Zahlungssystem für Rechnungen ist, dass es sehr einfach ist, seine wiederkehrenden Beträge nach oben oder unten anzupassen, je nach Ihrer aktuellen finanziellen Situation. Als Beispiel können Sie Ihre Rechnungszahlung so einrichten, dass Sie wöchentlich $12,50 auf ein Konto überweisen (entspricht $50 pro Monat) oder sie für einige Wochen auf $15 pro Woche ändern und später wieder auf $12,50 zurückgehen lassen. Sie entscheiden genau, wer das Geld bekommt, wie viel und wie oft. Sie haben jederzeit die vollständige Kontrolle.

Schritt 4

Jetzt ist es an der Zeit, Ihre Gewohnheit der automatischen Vermögensbildung mit Hilfe des Rechnungszahlungssystems Ihrer Bank einzurichten. Besorgen Sie sich die Adresse der Person oder Organisation, an die Sie das Geld senden möchten, einschließlich der Kontonummer. Gehen Sie online und richten Sie mit diesen Informationen ein neues Konto ein. Legen Sie Häufigkeit und Beträge fest.

Man kann sehr kreativ damit umgehen, wie man Wohlstand schafft und wem man dabei hilft, ihn zu schaffen.

WOHLSTAND AUFBAUEN

- Richten Sie eine automatische Rechnungszahlung zur Finanzierung der College-Ausbildung eines Kindes ein. Viele Staaten haben Pläne, die mit niedrigen monatlichen Gebühren beginnen, wenn das Kind geboren wird oder noch jung ist.

- Richten Sie eine automatische Rechnungszahlung zur Finanzierung des Sparkontos eines Kindes ein, lassen Sie das Geld einfach mit der Kontonummer auf dem Scheckmemo "Einzahlung auf das Konto" an die Bank des Kindes schicken.

- Richten Sie eine automatische Rechnungszahlung ein, um jede Woche eine Zahlung an eine Wohltätigkeitsorganisation zu senden. Wenn Ihre Kirche jede Woche eine automatische Wohltätigkeitszahlung erhält, tragen Sie dazu bei, Ihre Kirche jede

 WOHLSTAND AUFBAUEN

Woche zu unterstützen, auch wenn sie einen Sonntagsgottesdienst versäumt.

- Richten Sie eine automatische Rechnungszahlung ein, um Geld an jemanden zu senden, der es braucht.

- Richten Sie Ihre Rechnungsbezahlung so ein, dass die Rechnungen, die Sie in der Vergangenheit zu spät bezahlt haben, auch tatsächlich bezahlt werden.

Die Möglichkeiten sind endlos... Sie müssen nur handeln und es geschehen lassen!

 WOHLSTAND AUFBAUEN

Der Weg zum wahren Reichtum

Viele Menschen glauben, dass der Weg zu wahrem Reichtum mit einer großen Gelegenheit, Geld zu verdienen, beginnt. Dies ist nur teilweise richtig. Zwar bietet sich von Zeit zu Zeit eine gute Gelegenheit, Wohlstand zu schaffen, doch sind es eigentlich nur wenige und weit voneinander entfernt. Die meisten Menschen, die wahren Reichtum erreichen, sind diejenigen, die klug haushalten, hart arbeiten und nicht so leben, als seien sie reich, und vor allem darüber aufgeklärt sind.

Der Weg zu wahrem Reichtum beginnt mit Entschlossenheit. Wenn Sie entschlossen sind, Vermögen anzuhäufen, werden Sie Erfolg haben, auch wenn es nicht sofort gelingt. Die Stimulierung der Entschlossenheit wird Ihnen Kraft, harte Arbeit und Nippes und Risse geben. Entschlossenheit reicht jedoch nicht aus.

Der nächste Schritt auf dem Weg zu wahrem Reichtum ist die Erstellung eines Plans. Die Chancen, den schnellen Plan zu finden, um reich zu werden, von dem jeder davon spricht, Millionen zu verdienen, sind ziemlich gering. Sie müssen einen Plan für eine einträgliche Karriere, ein Geschäft oder eine Gelegenheit zum Geldverdienen erstellen. Außerdem müssen Sie einen Investitionsplan erstellen.

Wirklicher Reichtum entsteht durch Budgetierung und Investitionen. Geben Sie nicht alles Geld aus, das Sie verdienen. Sparen Sie, bis Sie genug zum Investieren haben. Dies ist tatsächlich einfacher, als es aussieht. Es ist wichtig, dass Sie einen Lebensstil erreicht haben, der bequem, aber nicht exzessiv ist (zumindest zu Beginn Ihrer

Reise). Denken Sie daran, dass, wenn Sie Ihren Lebensstil erhöhen, die Lücke für Ihren Lebensunterhalt umso länger sein wird, da Sie mehr Einkommen benötigen, um sowohl Sie als auch Ihr Unternehmen zu unterstützen.

Sie können in risikoarme, renditestarke Anlagen wie Geldmarktkonten investieren, oder Sie können in Aktien oder Rohstoffe investieren. Die Investition in vielversprechende neue und zukünftige Unternehmen, die manchmal auch als Penny Stocks bezeichnet werden, ist eine der besten Möglichkeiten, Ihr Geld anzulegen und schnell realen Reichtum anzuhäufen. Das Geld zu investieren, das man nicht ausgibt, ist der beste Weg, um echten Reichtum anzuhäufen.

Dies ist ein perfektes Beispiel dafür, wie man wahren Reichtum anhäufen kann. Ein Mann begann in einem Steinbruch zu arbeiten. Er wurde zunächst ins Management und dann in die Geschäftsführung befördert. Anfang der 1980er Jahre investierte der Mann fast zehntausend Dollar in Ersparnisse in Form von Penny-Aktien in ein Unternehmen, von dem viele dachten, dass es niemals an die Börse gehen würde. Später war er Millionär, als Cellular One wie eine Rakete abhob. Er nahm das Geld, investierte es wieder und verdiente noch mehr Geld. Dennoch lebte der Mann nur in einem Haus, das groß genug für seine große Familie war. Als er schließlich starb, hatte er über eine Million Dollar, die er unter seiner Familie aufzuteilen hatte, und er hatte seit zwanzig Jahren nicht mehr gearbeitet.

WOHLSTAND AUFBAUEN

Die Schwelle zwischen Schaffung und Zerstörung von Wohlstand

Reichtum ist schlicht und einfach die Anhäufung von Geld und kann nur durch die Menge des erhaltenen und nie ausgegebenen Geldes geschaffen werden. Wenn Sie Wohlstand schaffen wollen, wann immer Sie Geld erhalten: Geben Sie nicht alles aus. Natürlich ist es ein sehr einfaches Konzept, aber es ist sehr schwierig, es kontinuierlich zu erreichen. Glücklicherweise gibt es Verbündete, die bereitwillig zur Verfügung stehen, um Ihnen zu helfen: Finden Sie einige zwingende Gründe, mit dem Sparen zu beginnen, machen Sie es sich zur Gewohnheit, beobachten Sie die Entwicklung Ihrer Bemühungen und setzen

 WOHLSTAND AUFBAUEN

Sie einige finanzielle Meilensteine, um sich selbst zu belohnen.

Einen Prozentsatz des erhaltenen Geldes beiseite zu legen, ist der beste Weg, der Gewohnheit des Sparens zu folgen und sie zu entwickeln. Es gibt einige Geizhälse unter uns, denen das Sparen leicht fällt, aber die meisten Menschen wollen viel mehr ausgeben, als sie verdienen, geschweige denn die Disziplin haben, weniger auszugeben, als sie verdienen. Deshalb beginnt es als ein geistiger und emotionaler Kampf, der leichter wird, wenn man der Gewohnheit folgt und die Ergebnisse seiner Bemühungen sieht. Jede Woche, jeden Monat, jedes Jahr weniger auszugeben als man verdient, ist die einzige Möglichkeit, Geld anzuhäufen.

Wie viel Geld sollten Sie zur Ersparnisbildung beiseite legen? Es sollte ein Prozentsatz sein, so dass Sie es ausnahmslos jedes Mal, wenn Sie Einkommen erhalten, automatisch auf ein separates Sparkonto überweisen. Die Spanne von 10% bis 30% ist der erfolgreichste Anfangsprozentsatz für Menschen, die über lange Zeiträume hinweg weitersparen. Wenn Sie wiederholt einen festgelegten Prozentsatz speichern, wird dieser immer häufiger, automatisch und erwartungsgemäß verwendet. Dann werden Sie bereit sein, Ihren Prozentsatz zu erhöhen. Und je höher die Sparquote, desto mehr Motivation werden Sie haben, weiter zu sparen.

In den zerbrechlichen ersten Jahren des Sparens kann nur ein einziger falscher finanzieller Schritt dazu führen, dass alles, was man bisher gespart hat, zunichte gemacht wird. Und die häufigste falsche Bewegung sieht nicht so aus, wenn sie geschieht. Diese Entwässerungsbewegung kann auch heimtückisch beginnen und eine andere Gewohnheit schaffen, die Gewohnheit der Zerstörung von Reichtum. Sie kennen das Problem: Bezahlen Sie Ihr Kreditkartenguthaben ausnahmslos monatlich in voller Höhe. Wenn Sie beispielsweise vor Ihrer Abreise kein Geld für einen Urlaub gespart haben und es dann Ihrer Kreditkarte belasten, besteht eine gute Chance, dass Sie es lange Zeit nicht zurückzahlen werden. Die Kreditkartenunternehmen wissen das und nehmen Zinsdollar von Ihnen, anstatt dass Sie Ihre Zinsen verdienen. Sie haben sich auf die dunkle Seite der Vermögensvernichtung begeben, wo Ihr Kreditkartenguthaben eher wächst als schrumpft.

Kommen wir zurück zum Aufbau Ihres Reichtums. Sobald Sie damit beginnen, den von Ihnen beschlossenen Prozentsatz der Ersparnisse beiseite zu legen und ein eigenes Sparkonto zu eröffnen, sollten Sie Ihre Aussagen sorgfältig überprüfen, um sich zu motivieren. Überprüfen Sie die Fortschritte, die Sie bisher gemacht haben, und sehen Sie, wie Sie sich Ihren finanziellen Zielen nähern. Und ein weiterer Motivator ist es, sich selbst zu belohnen, indem man etwas Geld für sich selbst ausgibt, wenn man bestimmte Meilensteine erreicht. Sie könnten zum Beispiel mit dem Ziel beginnen, 500 Dollar zu sammeln und sich mit etwas Bedeutendem zu belohnen; dann erhalten Sie jedes Mal, wenn Sie Ihren Sparbetrag verdoppeln, eine weitere Belohnung.

Die wahren Determinanten der Schaffung von Wohlstand

Elitäre formale Bildung wird überbewertet

Es gibt einen großen Mythos, dass man durch eine gute Schule und einen guten Job Wohlstand schaffen kann. In Wirklichkeit ist es wahrscheinlicher, dass Sie sich so stark verschulden, dass Sie kurz vor der Rente stehen, wenn Sie schuldenfrei sind.

Der große Aufwand, der mit Elite-Institutionen verbunden ist, dient zwei Zwecken. (1) Bereitstellung eines Netzwerks/einer Struktur, durch das/die wohlhabende Eliten die Macht behalten können; und (2) Belastung der Nicht-Reichen mit riesigen Schulden. In dem bahnbrechenden Buch "Education and the Rise of the Corporate State" schrieb Joel Spring, dass "die Entwicklung eines fabrikähnlichen Systems im Klassenzimmer des 19. Jahrhunderts kein Zufall war. Russell Conwell, ein Mitglied der wohlhabenden Elite und Gründer einer der ältesten Bildungseinrichtungen Amerikas, der Temple University, äußerte Gefühle, die seiner Meinung nach in die Bildung integriert werden sollten:

"Männer, die reich werden, sind vielleicht die ehrlichsten Männer, die Sie in der Gemeinde finden... Achtundneunzig von hundert reichen Männern in Amerika sind ehrlich. Deshalb sind sie reich. Deshalb vertraut man ihnen unser Geld an... Es liegt daran, dass sie ehrliche Männer sind... die Zahl der armen Menschen, mit denen man sympathisieren kann, ist sehr gering. Mit einem Mann zu sympathisieren, den Gott für seine Sünden bestraft hat, bedeutet, Unrecht zu tun.

Elite-Arbeitsplätze, die Wohlstand schaffen, sind selten

Im Wesentlichen baut die Elitebildung ein schuldenfinanziertes Kastensystem auf. Es gibt zwei vorherrschende Szenarien, mit denen Elitestudenten nach ihrem Abschluss konfrontiert sind. Es gibt diejenigen, die schuldenfrei aus diesen Schulen hervorgehen und den Vorteil einer Elitebildung ohnehin nicht wirklich brauchten, und diejenigen, die schuldenbelastet sind und für die Interessen der Schuldenfreien zu Rädchen im Getriebe werden. Diejenigen, die glauben, dass sie aus diesem riesigen Schuldenberg herauskommen können, indem sie die Karriereleiter im Land der unbegrenzten Möglichkeiten erklimmen, sollten noch einmal darüber nachdenken. 1965 verdienten die CEOs in den Vereinigten Staaten etwa 24 Mal mehr als ihre Angestellten. Im Jahr 2006 verdienten CEOs in den USA 262 Mal mehr als ihre Angestellten (Quelle: BBC News, 22. Juni 2006).

Darüber hinaus haben die CEOs der 11 größten US-Firmen in den Jahren 2005 und 2006 ein Gehalt von 865 Millionen Dollar eingenommen, während die Aktionäre durch ihre Führung gleichzeitig 64 Millionen Dollar an Firmenaktien verloren. Ob seine Führung Milliarden von Dollar an Vermögen an der Börse vernichtete, war irrelevant. Sie wurden trotzdem belohnt. So funktioniert das moderne Kastensystem.

Solange Sie nicht Ingenieurwesen, Jura, Architektur oder Medizin studieren, ist die meiste formale Bildung nicht nur irrelevant für die Schaffung von Wohlstand, sondern Sie werden sie sicher viel schneller aufbauen, wenn Sie Unternehmer werden und/oder lernen, richtig zu investieren. Die formale Bildung wird sich erst ändern, wenn die meisten Schulen anfangen, das zu unterrichten, was wirklich notwendig ist, um später im Leben finanziell erfolgreich zu sein. Und dazu gehört auch Unterricht über:

1. In Aktien und Nicht-Geschäftsvermögen zu investieren.

2. Hebelwirkung von Geld.

3. Zeit, um Einfluss zu nehmen.

4. Erfolgreiche Netzwerke aufbauen.

So wie es jetzt ist, kann man nach Harvard oder Oxford gehen, einen Doktortitel erhalten und immer noch schlecht darauf vorbereitet sein, Wohlstand zu schaffen. Zweifellos ist das Netzwerk, das in dieser Art von Institutionen aufgebaut wird, exponentiell wertvoller als die Ausbildung, die man erhält.

WOHLSTAND AUFBAUEN

Geld sparen = Geld verlieren

Vielleicht noch schlimmer ist der Rat, zu sparen und Geld wegzulegen. Geld auf ein Sparkonto zu legen und es dort zum Zinssatz "X" zu belassen, macht Ihr Geld einfach zu Staub. Irgendwo auf der Welt gibt es fast immer gute Chancen für Investitionen mit Risiko und Ertrag, nicht nur an den Aktienmärkten. Wenn z.B. die Immobilienmöglichkeiten in Korea schlecht sind, dann könnte Argentinien oder Island einen Boom erleben. Es geht nur darum, seinen Blickwinkel zu erweitern, um sie zu finden und immer über seine wirtschaftlichen Fragen und seinen Wohnort informiert zu sein. Ungenutztes Bargeld herumliegen zu haben und nicht für Sie zu arbeiten, ist nie eine gute Strategie, wenn Sie Reichtum aufbauen wollen.

WOHLSTAND AUFBAUEN

Die zwei größten Diebe, wenn es um die Schaffung von Wohlstand geht

Die beiden größten Vermögensdiebe, denen eine Person begegnen wird, sind Steuerabzüge und Klagen. Steuern wirken sich gegen Sie aus, indem sie Ihr Vermögen verringern. Dazu gehören u.a. Bundessteuern, Staatssteuern, Einkommenssteuern (dies hängt vom jeweiligen Land ab).

Dann sind Klagen das andere Übel. Das ist nicht der langsame Abbau Ihres Vermögens wie bei den Steuern. Es ist die plötzliche Beschlagnahmung des Geldes, für dessen Erwirtschaftung Sie gearbeitet haben. Man kann buchstäblich über Nacht von der Spitze des Totempfahls auf den Boden des Fasses fallen. Ich glaube, dass es in Gerichtsverfahren keine Gewinner gibt, denn selbst das "Gewinnen" eines Rechtsstreits erfordert Zeit und Geld, die Sie bremsen werden. Auch hier können Sie sich schützen, indem Sie lernen, sich richtig zu strukturieren.

Um diese Strategien zu verstehen, ist es entscheidend, die Konzepte von Aktiva und Passiva zu unterscheiden. Stellen Sie sich folgende Frage: Ist eine Immobilieninvestition ein Vermögenswert oder eine Verbindlichkeit? Sie denken vielleicht: "Es generiert Einkommen und stellt Eigenkapital bereit, also muss es ein Vermögenswert sein.

Die Antwort ist jedoch komplexer. Sie müssen sich ansehen, wie Sie das Eigentumsrecht an diesem Eigentum halten. Wenn Sie es nicht richtig besitzen und es

 WOHLSTAND AUFBAUEN

nicht richtig strukturiert ist, könnten Sie in Gefahr sein. Wenn Sie Ihr Haus, Ihr Auto, Ihre Bankkonten zusammen haben, kann jemand sie alle auf einmal mitnehmen. Daher müssen Sie lernen, wie Sie die Entität strukturieren müssen.

WOHLSTAND AUFBAUEN

Das ultimative System zur Schaffung von Wohlstand

Die meisten Menschen suchen nach dem besten System zur Schaffung von Wohlstand für den größten Teil ihres Lebens. Jeder hat, wenn er es wünscht und sich dazu verpflichtet, die Möglichkeit, Geld zu verdienen. Unabhängig von Ihrem Bildungs- oder Qualifikationsniveau haben Sie die Macht, Einkommen zu generieren. Wollen Sie die gute Nachricht darüber hören und darüber, wie sie Sie mit dem ultimativen System zur Schaffung von Wohlstand verbindet? Es geht nicht darum, wie viel man verdient, sondern was man damit macht, entscheidet über die finanzielle Situation. Die zweite Hälfte des ultimativen Systems zur Schaffung von Wohlstand ist das, was man mit dem Geld macht, das man verdient. Es

gibt ein System zur Kontrolle des Geldflusses zur Schaffung von Wohlstand. Sehr wohlhabende Leute kennen dieses System. Es funktioniert unabhängig davon, ob Sie ein Angestellter sind, der für eine andere Person arbeitet und das System zur Steuerung des Flusses Ihres persönlichen Einkommens verwendet, oder ob Sie ein Geschäftsinhaber sind, der das System zur Steuerung des Flusses des Geschäftseinkommens verwendet. Es ist ein unglaublich einfaches System.

1. Weniger als Sie ausgeben: Reduzieren Sie Ihre Ausgaben, um innerhalb Ihres Einkommens zu arbeiten.

2. SPAREN SIE MINDESTENS 10% IHRES EINKOMMENS UND GEBEN SIE KEINE AUSGABEN AUS: Legen Sie für die Zukunft regelmäßige Geldbeträge aus Ihrem Einkommen beiseite: Zahlen Sie zuerst selbst und sparen Sie Geld für finanzielle Freiheit. Das jüngste System der Vermögensbildung verlangt für jeden Pfennig, den Sie verdienen, mindestens 10% des Einkommens als Ersparnis. Vergessen Sie einfach, dass Sie es haben. Wenn es sich anhäuft, verlagern Sie es an Orte, die auf dem Aktienmarkt eine bessere Verzinsung bringen als die Sparkonten der Banken. Dazu gehört der Kauf von Häusern und Geschäftsgebäuden, die Sie vermieten können, um mehr Geld zu verdienen. Das ist das, was man nennt, wenn man sein Geld für sich arbeiten lässt.

3. NICHT AUF KREDIT KAUFEN: Zahlen Sie stattdessen bar. Verschuldung ist eine Krankheit, die man vermeiden sollte. Finden Sie heraus, was Sie kaufen möchten, und sparen Sie jede Woche Geld für den Kauf, bis Sie das Geld haben. Kaufen Sie bei größeren Anschaffungen wie Autos, Möbeln und Ausrüstung gebraucht statt neu. Denken Sie daran, dass diese Gegenstände ab dem Moment des Kaufs an Wert verlieren.

4. FINDEN SIE MÖGLICHKEITEN, MEHR GELD ZU MACHEN: Die persönlichen Lebenshaltungskosten steigen jedes Jahr um etwa 3,5 % (je nach dem Land, in dem Sie leben), so dass Sie mehr Geld verdienen müssen, um Schritt zu halten. Wenn Sie für jemand anderen arbeiten, steigern Sie Ihren Wert für das Unternehmen, indem Sie mehr Verantwortung übernehmen und lernen, mehr zu tun; dann verlangen Sie eine Gehaltserhöhung. Man muss bereit sein, notfalls eine zweite Arbeit anzunehmen, um aus der Verschuldung herauszukommen und Geld zu sparen.

Wenn Sie ein Geschäftsinhaber sind, sehen Sie sich Ihre Produkt- und Dienstleistungspalette an und finden Sie heraus, wie Sie profitablere Artikel verkaufen können. Sie müssen bereit sein, Artikel einzustellen, die in der Zeit, dem Aufwand und den Kosten für ihren Verkauf nicht genügend Gewinn abwerfen. Das Geheimnis,

mehr Geld zu verdienen, ist ziemlich einfach, wenn man darauf achtet.

5. VERWENDEN SIE IHR GELD ZUR ERHÖHUNG IHRES EINKOMMENS: Nachdem Sie Ihren letzten Vermögensbildungsplan ausgezahlt haben, ob es sich nun um 10%-30% Ersparnisse und die Bezahlung Ihrer Rechnungen handelt, verwenden Sie das verbleibende Geld so, dass Sie mehr Einkommen erzielen können.

Warum ist es so wichtig, den Geldfluss zu kontrollieren? Sie ist die Energie und das Lebenselixier eines Unternehmens oder Hauses. Es muss zuerst durch die einkommensschaffenden Gebiete gepumpt werden, damit es reibungslos funktioniert. Alles funktioniert am besten, wenn Bargeld zur Verfügung steht.

Es scheint einfach zu sein, nicht wahr? Und es ist einfach. Das neueste System der

Vermögensbildung ist leicht erlernbar und kann zur Erlangung Ihrer finanziellen Freiheit genutzt werden. Es erfordert jedoch Disziplin und persönliches Engagement, um das Ziel der finanziellen Unabhängigkeit zu erreichen, damit Sie sich nie wieder Sorgen um Geld machen müssen.

Die gute Nachricht ist, dass Sie die Kontrolle über dieses System haben. Richtig und konsequent gemacht, ist das Endergebnis immer eine Menge Bargeld, alle Rechnungen bezahlt und eine Menge Geld in Reserven, um das zu finanzieren, was Sie wirklich mit Ihrem Geld tun wollen; nicht nur Rechnungen bezahlen.

Wie gut Sie den Fluss Ihres Geldes kontrollieren, wird darüber entscheiden, wie gut Ihr Unternehmen oder Ihre Familie jetzt und in Zukunft überleben wird. Die korrekte

 WOHLSTAND AUFBAUEN

Anwendung dieser fünf Schritte wird dafür sorgen, dass dieses System der Vermögensbildung für Sie funktioniert.

WOHLSTAND AUFBAUEN

Schaffung von Wohlstand: Ein Vorteil des Wohneigentums

Wenn man älter wird, rückt die Frage der Schaffung von Wohlstand in den Vordergrund und in die Mitte. Vermögensbildung bezieht sich einfach auf den Anstieg des Nettowerts Ihres Gesamtvermögens. Die Schaffung von Wohlstand im Laufe der Zeit ist einer der Vorteile von Wohneigentum.

Gerechtigkeit aufbauen

Der Besitz eines Eigenheims kann Ihnen auf zwei Arten helfen, Wohlstand zu schaffen. Zunächst bauen Sie Eigenkapital auf, indem

Sie Ihre Hypothek bezahlen. Ein bestimmter Prozentsatz jeder Hypothekenzahlung dient dazu, den geschuldeten Gesamtbetrag zu reduzieren. In der Regel werden die Zahlungen in den ersten Jahren der Hypothek in erster Linie für die Zinsen der Darlehen verwendet. Im Laufe der Zeit wird jedoch immer mehr von jeder Zahlung auf den ausstehenden Darlehensbetrag angerechnet. Ehe man sich versieht, ist das Darlehen von 300.000 Dollar auf 50.000 Dollar geschrumpft und man hat 250.000 Dollar an Reichtum verdient.

Wertschätzung ist der zweite vermögensbildende Vorteil gegenüber Wohneigentum. Jedes Jahr wird der Wert Ihres Hauses aufgrund der Marktpreise leicht steigen oder sinken. Im Laufe der Zeit hat der Wert von Immobilien stets zugenommen. Auf dem heutigen Markt werden Häuser in einigen Teilen des Landes mit Raten von fünfzehn bis zwanzig Prozent aufgewertet.

WOHLSTAND AUFBAUEN

Wertschätzung ist unter Hausbesitzern ein sehr beliebtes Thema.

Beispiel für die Schaffung von Wohlstand

Lassen Sie uns eine einfache Demonstration sehen, wie vorteilhaft Wohneigentum sein kann. Angenommen, Sie kaufen im Jahr 2005 ein Haus für 400.000 Dollar und zahlen für die Zwecke der Mathematik nichts. In den nächsten 10 Jahren werden Ihre Hypothekenzahlungen um 100.000 Dollar reduziert und der Wert des Hauses steigt auf 600.000 Dollar.

Der Wert Ihres Hauses als Nettovermögen ist auf $300.000 [$600.000 minus $300.000] gestiegen. Hätten Sie in dieser Zeit gemietet, hätten Sie $300.000 an Vermögen verloren. Dieses einfache Beispiel soll Ihnen den Vorteil von Wohneigentum aufzeigen.

WOHLSTAND AUFBAUEN

Historisch gesehen ist Wohneigentum eine der besten Möglichkeiten für Familien, Vermögen anzuhäufen. Wenn Sie derzeit kein Eigenheim besitzen, sollten Sie sich nach einem solchen umsehen.

 WOHLSTAND AUFBAUEN

Wealth-Management-Lösungen: Optionen gibt es zuhauf

Vermögensverwaltung ist für viele Menschen ein schwer zu verstehendes Konzept, insbesondere im Hinblick auf Investitionen und Sparen für die Zukunft. Bei Optionen wie Aktien, Anleihen, 401K, 529 und mehr kann die Wahl der richtigen Vermögensverwaltungsoption bestenfalls schwierig und unter vielen Umständen unmöglich verwirrend sein. Aus diesem Grund gibt es Vermögensverwaltungsfirmen, die Experten auf diesem Gebiet sind und nur dazu dienen, vermögende Privatpersonen durch die Sorgen und Nöte der Vermögensverwaltung und des Private Banking zu führen und die Menschen darüber aufzuklären, wohin sie ihr Geld legen können und wie jede Investition zum Wachstum ihrer Finanzen beiträgt.

Private Banking

Wenn Sie mehr über die verschiedenen Möglichkeiten, Ihr Geld anzulegen oder Ihren Ruhestand zu planen, erfahren möchten, sollten Sie sich über die Möglichkeiten des Private Banking informieren. Im Private Banking haben Sie einen direkten Kundenbetreuer, an den Sie sich jederzeit wenden können, wenn Sie Fragen zu Ihrem Konto und zur Verwaltung Ihres Vermögens haben. Es gibt viele Anlagemöglichkeiten durch Private Banking, und die meisten sind ziemlich einfach zu verstehen, was es zu einer bevorzugten Option für viele Menschen macht, die mit der Vermögensverwaltung nicht vertraut sind.

WOHLSTAND AUFBAUEN

Dienstleistungen im Bereich Vermögensverwaltung

Für diejenigen, die es nicht gut verstehen, steht das Konzept der Vermögensverwaltungsdienste in verschiedenen Formen zur Verfügung, um zu bestimmen, wie die Finanzen zu verwalten sind. Vermögensverwaltung bedeutet mehr als sich an ein Budget zu halten, es bedeutet auch, für die Zukunft zu planen, und verschiedene Institutionen können dazu beitragen, den Menschen beizubringen, wie sie ihr Geld verwalten können, und sie können umfassende Vermögensverwaltungsdienste anbieten.

Vermögensverwaltungsgesellschaften

Haben Sie eine Vermögensverwaltungsgesellschaft in Betracht gezogen? Sie haben mit Privatbankiers gesprochen und mögen die

Optionen, die sie für die Vermögensverwaltung anbieten, nicht. Sie sind kein Computerfanatiker, also wollen Sie nicht in Vermögensverwaltungssoftware investieren. Sie benötigen jedoch eine maßgeschneiderte Lösung, damit Ihr Vermögen schneller wächst, und Sie haben keine Ahnung, wo Sie investieren sollen. Vermögensverwaltungsgesellschaften sind darauf ausgerichtet, Sie auf den richtigen Weg zu bringen. Mit einem persönlichen Berater werden Sie in der Lage sein, Ihre Anlageoptionen zu konfigurieren, um Ihre spezifischen Ziele mit der Menge an Informationen zu erreichen, die Sie für notwendig erachten.

Software für Vermögensverwaltung

Sie können auch die Vorteile von Vermögensverwaltungssoftware in Betracht ziehen. Viele Menschen haben Schwierigkeiten, ihre Finanzen so zu verwalten, dass sie von Scheck zu Scheck planen können, geschweige denn, dass sie ein Ziel für die Zukunft haben. Wenn es um die Vermögensverwaltung geht, sind die meisten Menschen völlig nervös, wenn sie ein Budget haben, das nicht nur die Lebensmittel berücksichtigt, die sie morgen kaufen müssen, sondern auch die, die Sie in 40 Jahren nach der Pensionierung kaufen müssen.

Eine Vermögensverwaltungssoftware ist ein nützliches Werkzeug für die Erstellung Ihrer Finanzpläne, damit Sie sich mit Ihrem heutigen Lebensstil wohl fühlen, sicher sein können, dass Sie in Zukunft über das nötige Vermögen verfügen und sich in der Zwischenzeit einige Ihrer Träume erfüllen können.

WOHLSTAND AUFBAUEN

Ich frage mich, warum er nicht schnell reich wird

Man muss sich darüber im Klaren sein, dass es keine Abkürzungen zu sofortigem Reichtum gibt. Zwar gab es einige hochkarätige Vorfälle von extremem Reichtum fast über Nacht, wie im Fall von Google und einigen anderen "Sofort-Erfolgen", doch selbst in diesen Fällen wurden große Risiken eingegangen und viel Kapital zur Schaffung von Reichtum ausgegeben. Tatsächlich sind die wichtigsten Faktoren, die zum geschäftlichen Erfolg führen, die Bereitschaft, Risiken einzugehen, die Bereitschaft, Kapital auszugeben, die Fähigkeit, sich auf eine Idee zu konzentrieren und sie zu verwirklichen, und etwas gutes altmodisches Glück. Die meisten Menschen, die Vermögen angehäuft haben, haben dies im Laufe der Zeit getan. Hinzu kommt, dass sie mit einem disziplinierten Plan und der unerbittlichen Verfolgung ihres Traums investieren.

Viele Menschen wollen ihr eigenes Unternehmen besitzen und Unternehmer sein, haben aber nicht die richtige Anleitung oder eine Idee, die sie zu einem höchst erfolgreichen Unternehmen führt oder die die Dynamik eines Geschäftsmodells völlig verändert. Glücklicherweise ist dies nicht notwendig, um als Unternehmer erfolgreich zu sein. Es wäre zwar schön, eine dieser höchst erfolgreichen Ideen zu haben, aber es gibt viele andere Möglichkeiten, sein eigenes Unternehmen zu gründen. Der Kauf eines bestehenden Unternehmens ist eine dieser Möglichkeiten, in die Reihen der Geschäftswelt aufzusteigen. Es gibt einzelne Unternehmen und Franchiseunternehmen, die direkt gekauft oder auf verschiedene Weise finanziert werden können. Dies ist in der Regel ein kostspieliges Unterfangen und erfordert in der Regel, dass Sie Ihren Arbeitsplatz in Vollzeit verlassen müssen, um die Branche zu leiten. Dies birgt auch ein gewisses Risiko, aber wenn Sie Ihre Hausaufgaben machen und die Zeit aufwenden, die notwendig ist, um den Kaufpreishebel sowie das Tagesgeschäft zu managen, kann dies eine großartige Möglichkeit sein, langfristig Wohlstand zu schaffen.

Auch hier gibt es keinen Freifahrtschein, denn niemand wird Ihnen alle Instrumente zur Verfügung stellen, um ein profitables Geschäft zu betreiben, ohne dass Ihnen Kosten entstehen. Sofern Sie nicht strikt daran interessiert sind, eine bestimmte Aufgabe zu Hause gegen eine Gebühr zu erledigen, müssen Sie bei den meisten heimbasierten oder Online-Geschäftsmodellen Geld für das Hosting einer Website, den Beitritt zu Partnern und die Vermarktung ausgeben. Dies sind vernünftige Erwartungen, wenn ein bestehendes Franchise- oder Partnerprogramm genutzt wird. Die Erschließung mehrerer Einkommensquellen ist höchst wünschenswert und kann durch die Entwicklung eines Heimgeschäfts zusammen mit Ihrer Vollzeitbeschäftigung erreicht werden. Auch wenn es Ihr Ziel sein mag, Ihren Vollzeitjob aufzugeben oder Ihren Ruhestand zu verlängern, kann die Entwicklung eines Online- oder Heimgeschäfts ein lohnender Weg sein, ein Unternehmer zu werden.Kurz gesagt, der Aufbau von Realvermögen entwickelt Einkommensströme, und systematische Investitionen in diversifizierte Vermögenswerte führen zu mehr Gerechtigkeit und finanzieller Sicherheit. Eines Tages werden Sie sich Ihr Anlageportfolio anschauen und feststellen, dass Sie schneller Vermögen angehäuft haben, als Sie dachten.

VIELE ERFOLGE AUF IHREM WEG ZUR FINANZIELLEN FREIHEIT!

Besuchen Sie unsere Website! Holen Sie sich weitere Bücher von MENTES LIBRES!

https://www.amazon.de/MENTES-LIBRES/e/B08274DDV4?ref_=dbs_p_ebk_r00_abau_000000

Wenn Sie möchten, können Sie Ihren Kommentar zu diesem Buch hinterlassen, indem Sie auf den folgenden Link klicken, damit wir uns weiter entwickeln können! Vielen Dank für Ihren Kauf!

https://www.amazon.de/dp/B0893PBTT1

www.ingramcontent.com/pod-product-compliance
Lightning Source LLC
Chambersburg PA
CBHW071410210526
45465CB00001B/323